企业发票管理

实操及疑难问题处理

韦绪任◎著

中国铁道出版社有限公司
CHINA RAILWAY PUBLISHING HOUSE CO., LTD.

图书在版编目（CIP）数据

企业发票管理实操及疑难问题处理 / 韦绪任著 . —北京：
中国铁道出版社有限公司，2022.8
ISBN 978-7-113-28774-0

Ⅰ . ①企… Ⅱ . ①韦… Ⅲ . ①发票–财务管理–基本知识–
中国 Ⅳ . ① F275

中国版本图书馆 CIP 数据核字（2022）第 010093 号

书　名：**企业发票管理实操及疑难问题处理**
　　　　QIYE FAPIAO GUANLI SHICAO JI YINAN WENTI CHULI
作　者：韦绪任

责任编辑：马慧君　　　编辑部电话：（010）51873005　　　电子邮箱：zzmhj1030@163.com
封面设计：宿　萌
责任校对：苗　丹
责任印制：赵星辰

出版发行：中国铁道出版社有限公司（100054,北京市西城区右安门西街 8 号）
网　　址：http//www.tdpress.com
印　　刷：北京铭成印刷有限公司
版　　次：2022 年 8 月第 1 版　2022 年 8 月第 1 次印刷
开　　本：710 mm×1 000 mm 1/16　印张：15　字数：215 千
书　　号：ISBN 978-7-113-28774-0
定　　价：69.00 元

序言

发票是企业经营活动的业务凭证，是会计核算的原始依据。我国采取的是"以票控税"制度，通过发票来控制税收。这种税收制度使得发票是税务机关检查的重点，税务机关"查账必查票""查税必查票"，于是发票的合规与否关系着企业的涉税风险，关系着企业的未来发展，所以每个企业都要重视发票问题，每个合格的财税人员都要及时了解跟发票相关的法律法规，都要会正确使用发票。

但是目前发票的知识比较零散，发票所涉及的法律条文也遍布不同税种中，并且变化非常快，就是有着多年经验的"老会计"也不是很清楚，更别提那些刚入行的财税人员了。有时稀里糊涂虚开了发票而不自知；有时因为不清楚相关规定，收取了不合规的发票，不仅给企业带来了税务风险，还让企业承受了罚款。

应该怎样避免这种情况呢？当然是掌握发票的知识及法律法规并灵活应用了。但是，我们面对这样杂乱且零散的知识就是有心也无力啊。别担心，这本书给你准备好了。通过这本书，你可以系统全面地了解发票的相关知识和法律法规。

比如，近期出的关于电子发票的申领、开具、报销、入账、归档等，还有电子发票开错了应该怎么处理？丢失了应该怎么办？怎么开具新版机动车发票？二手车异地交易应该怎么开票等，本书都有详细介绍。在讲解的时候，为了方便学习，书中配有很多演示图，大家按照图文的步骤，可以实现独立操作。

本书首先概括介绍了发票的相关知识，让大家对发票有个总体的认识；然后按照一般财务工作开展顺序，介绍了发票领购、开具、使用过程中的诸多问题。比如，刚领的发票丢了怎么办？已经认证完的发票丢了又该怎么办？不同的税控系统应该怎么开票？发票开错了又该怎么办？公司要到别的地方开展业务，应该怎么开发票？自己不能开的发票要怎么去税务局代开？什么样的发票不能报销？跨年的发票还能报销吗？等等。

本书还介绍了发票的一些违规、违法行为及处罚规定，让财务人员知道哪些行为是不被允许的，如果不小心违反了相关规定会受到什么样的处罚。之后还介绍了一些发票常见风险以及预防措施，以便大家在工作中能及时避免这些风险。

本书具有实际操作意义！即便刚入行的财税"小白"，在本书的指导下也能完成发票的领购、开具，也能正确使用发票。如果只对发票的某些地方不是很明白，比如，公司突然要开红字发票，应该怎么开？或者公司收到一张农产品收购发票，应该怎么抵扣进项税？你只需要阅读相关章节就行。通过本书，你可以快速掌握发票的相关知识以及法律法规，快速提升自己的专业能力，成为一名卓越的财税人员。

目　录

第1章　认识发票

1.1　发票概述

刚进入会计行业时，小王经常听财务主管说"发票"这个词，她很好奇发票是怎么出现的？又是怎么一步步演变成现在这样的？发票上要写哪些内容？都什么式样？是由什么部门印制的？

晚清时期，随着近现代工商业的兴起，中国民间商品交易变得越发频繁，买卖双方在付款、发货的时候会附上一张叫"发货单"的单据，单据上注明买方付款的金额和销货方发出货物的名称、数量、规格等信息。后来，这种"发货单"就变成了"发票"。

新中国成立后，发票也从单纯的买卖关系扩展到跟税收有关的征纳关系。1986年，我国颁布了《全国发票管理暂行办法》，第一次在法律上将发票定义为经济活动中唯一合法的购销凭证。中国开始了"以票控税"的征收征管方式，于是发票成为统计纳税人收入和支出的重要凭证，成为国家严格管制的印刷品。

因为国家管制的发票样式单一，要求非常严格，商家早期使用时多有不便，于是又出现了"收据""小票"等票据作为发票的补充和替代，后来这类票据也被人称之为"发票"。对于这些"发票"税务部门并没有严令禁止，不过要求必须同时开具"正式发票"才能证明交易的合法性，这种"正式发票"也被称为"税务发票"。

因此，"发票"一词就有了两个含义。广义上的"发票"，是指收款方开给付款方的收付款凭证，比如，超市的购货小票、外卖小票等；狭义上的"发票"，是指由税务局监制的收付凭证，也叫"税务发票"，如增值税专用发票、增值税普通发票、通用机打发票等。

根据《中华人民共和国发票管理办法》（以下简称《发票管理办法》）中的规定，发票"是指在购销商品、提供或者接受服务以及从事其他经营活动中，开具、收取的收付款凭证。"不过因为近年来电子发票的普及，《中华人民共和国发票管理办法（修改草案征求意见稿）》中对发票的定义又进行了拓展，规定发票"是指在购销商品、提供或者接受服务以及从事其他经营活动中，开具、收取的收付款凭证，包括纸质发票和电子发票。"

发票的意义和作用

1. 发票具有合法性、真实性、统一性、及时性等特征，是最基本的会计原始凭证之一；

2. 发票是记录经济活动的载体，是财务管理的重要工具；

3. 发票是税务机关控制税源，征收税款的重要依据；

4. 发票是国家监督经济活动，维护经济秩序，保护国家财产安全的重要手段。

财务主管说

根据《发票管理办法》，任何单位和个人在销售商品、提供服务或从事其他经营活动中，如果对外发生经营业务收取了款项，就需要开具发票；任何单位和个人在购买商品、接受服务或进行其他经营活动中如果支付了款项，那就应该向收款方索要发票，并且发票中的品名和金额要跟实际情况相符。

从上面的规定可以看出，发票记录了企业经营过程中的成本、费用和收入，是企业会计核算的原始凭证，是财务人员记账的合法凭证，员工报销的依据，同时也是税务检查的重要依据。国家通过发票这个工具掌握纳税人的税收情况，控制税收，实现税收征管。

1.2 发票相关知识

1. 发票的主管机关

因为我国是通过发票来控制税收，实现税收征管的，所以对发票的印刷、领购等要求非常严格。根据《税收征收管理法》第二十一条，发票的主管机关是税务机关，由他们"负责发票印制、领购、开具、取得、保管、缴销的管理和监督"。

根据《发票管理办法》的规定，国务院税务主管部门统一负责全国的发票管理工作。省、自治区、直辖市税务机关依据职责做好本行政区域内的发票管理工作。财政、审计、市场监督管理、公安等有关部门在各自的职责范围内，配合税务机关做好发票管理工作。

2. 发票的式样

《发票管理办法实施细则》中规定，如果是全国范围内统一式样的发票，将由国家税务总局确定，比如，增值税发票、机动车销售统一发票、二手车销售统一发票等；如果是在省、自治区、直辖市范围内统一式样的发票，则由省、自治区、直辖市税务机关确定，比如，增值税通用机打发票、门票、过路费等。

3. 发票的基本联次

发票基本联次为三联，第一联是存根联，由收款方或开票方留存备查；第二联为发票联，由付款方或受票方当成付款原始凭证保存；第三联为记账联，由收款方或开票方当成记账的原始凭证。

4. 发票的内容

发票的基本内容主要包括：发票的名称、发票代码和号码、联次及用途、客户名称、开户银行及账号、商品名称、计量单位、数量、单价、大小写金额、开票人、开票日期、开票单位（个人）名称（章）等。省以上税务机关可根据经济活动以及发票管理的需要确定发票的具体内容。

5. 发票的印制

国家对发票管理很严格，尤其是增值税专用发票管理更严格，只有国务院主管部门指定的企业才能印制增值税专用发票，其他任何没有被指定的企业都不能印制。其他发票的印制相对增值税专用发票宽松一些，不过也要按照国务院税务主管部门的规定，由省、自治区、直辖市税务局、地方税务局指定的企业印制。印制发票的企业，必须按照税务机关批准的式样和数量去印刷发票，不得变造和伪造。任何单位和个人不得私自印制发票。

企业可以印制有本单位名称的发票吗

对于有固定生产经营场所、财务和发票管理制度健全的企业，如果发票使用量大或统一式样不能满足经营活动的需要，则可以书面向税务机关要求使用印有本单位名称的发票，税务机关依据《发票管理办法》第十五条的内容，确认印有该单位名称发票的种类和数量。注意这样的发票不是免费的，需要缴纳一定的费用。

财务主管说

并且，除了增值税专用发票外，其他发票应当在本省、自治区、直辖市内印制。如果确有必要到外省、自治区、直辖市印制的，应当提前

取得印制地税务机关的同意，然后由印制地税务机关确定的企业印制，不能没经过印制地的允许就私自去印刷。还有，不得在境外印制发票。

1.3　发票种类

有一天，主管交给小王一大堆各式各样的发票让小王帮忙整理一下，看着大小、样式不一的发票，小王有点蒙，难道这些不同的东西都是发票？

我国发票种类繁多，根据发票是否具有抵扣功能，分为两大类：增值税普通发票和增值税专用发票。一般情况下，增值税普通发票主要由增值税小规模纳税人使用，增值税专用发票是由增值税一般纳税人使用，但是这不是绝对的，有时一般纳税人不能开具专用发票时也可开具普通发票，小规模纳税人也可开具专用发票。

我国以前普通发票种类很多，各个省的式样都不一样，还有一些行业发票、专用发票、专业发票等，非常不利于管理，于是国家税务总局开始规范发票的使用。国家税务总局在 2009 年发布了《全国普通发票简并票种统一式样工作实施方案》。该方案根据发票的填开方式将种类繁多的普通发票（不包括增值税普通发票）简并为通用机打发票、通用手工发票、通用定额发票三大类，于是发票就变成了如下表中的五种类别。

类别		发票名称
增值税专用发票		增值税三联电脑版
		增值税六联电脑版
增值税普通发票		增值税二联电脑版普通发票
		增值税五联电脑版普通发票
通用机打发票	平推式	通用机打四联发票（出口）
		通用机打四联发票（农收）
		通用机打四联发票
		通用机打三联发票（代开）
		通用机打三联发票
		通用机打三联发票（货运）
	卷式	通用卷式机打单联发票（出租车）
		通用机打二联卷式发票
		通用机打一联卷式发票

续表

类别	发票名称
通用手工发票	通用手工百元三联发票（收购）
	通用手工千元三联发票
	单份式通用手工千元三联发票
通用定额发票	通用定额发票 1 元
	通用定额发票 2 元
	通用定额发票 5 元
	通用定额发票 10 元
	通用定额发票 20 元
	通用定额发票 50 元
	通用定额发票 100 元

另外，考虑到现在还有一些全国统一使用的票种不宜取消，于是将"航空运输电子客票行程单"、"机动车销售统一发票"、"二手车销售统一发票"、"公路内河货物运输业统一发票"、"建筑业统一发票"、"不动产销售统一发票"、换票证，以及通用发票无法涵盖的公园门票等保留了下来。

随着增值税发票管理系统的不断升级，很多发票都可通过增值税发票管理系统开具。于是按照发票是否通过该系统开具可将发票分为通过增值税发票管理系统开具的发票和不通过增值税发票管理系统开具的发票，如下所示。

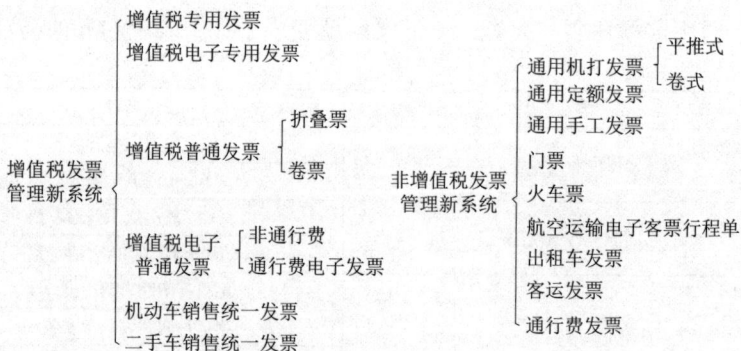

现在增值税小规模纳税人和增值税一般纳税人都可以通过增值税发票管理系统开具增值税专用发票、增值税电子专用发票（以下简称电子专票）、增值税普通发票、增值税电子普通发票（以下简称电子普票）、机动车销售统一发票、二手车销售统一发票。不是通过增值税发票管理

系统开具的发票主要有：通用机打发票、通用定额发票、通用手工发票、景点门票、火车票等。

本书接下来所介绍的发票如果不是特别说明，都是狭义的发票，也就是"税务发票"。本书重点介绍的发票是通过增值税发票管理系统开具的发票，包括增值税专用发票、电子专票、增值税普通发票、电子普票、机动车销售统一发票、二手车销售统一发票。

1. 增值税专用发票

增值税专用发票是增值税纳税人领用和使用的一种特殊发票，这种发票是由国家税务总局监制设计印制，是增值税一般纳税人用于会计记账和进项税额抵扣的一种合法凭证。它既是会计记账的重要会计凭证，又是销货方缴纳税款和购货方抵扣进项税额的合法证明。

增值税专用发票有三联版和六联版。不管是三联版还是六联版，都包括记账联、抵扣联和发票联，其中，记账联用于销货方作为记账凭证，抵扣联用于购买方作为抵扣用，发票联用于购买方记账用，其他联次由纳税人自行确定。

2. 增值税普通发票

增值税普通发票是在增值税税控系统中开具的，带有税控信息的机打普通发票，主要是由小规模纳税人使用，不过一般纳税人在不能开具专用发票时也可使用，其票面税款一般不具备进项税额抵扣功能。

小规模纳税人可自行开具增值税专用发票吗

根据《国家税务总局关于增值税发票管理等有关事项的公告》（国家税务总局公告 2019 年第 33 号）规定，增值税小规模纳税人（其他个人除外）发生增值税应税行为，需要开具增值税专用发票的，可以自愿使用增值税发票管理系统自行开具，也可向主管税务机关申请代开。选择自行开具增值税专用发票的小规模纳税人，税务机关不再为其代开增值税专用发票。

财务主管说

1100000000　北京增值税普通发票　№

开票日期：

购买方	名　称： 纳税人识别号： 地　址、电话： 开户行及账号：					密码区		
货物或应税劳务、服务名称	规格型号	单位	数量	单价	金额		税率	税额
合　计								
价税合计（大写）					（小写）			
销售方	名　称： 纳税人识别号： 地　址、电话： 开户行及账号：					备注		

收款人：　　　复核：　　　开票人：　　　销售方：（章）

第一联：记账联　销售方记账凭证

　　增值税普通发票可分为折叠票和卷票。其中，增值税普通发票（折叠票）分为两联版和五联版，不管是两联版还是五联版，都必须要有发票联和记账联，其他联次由纳税人自行确定。

一般纳税人什么时候需要开具增值税普通发票

> 一般纳税人给小规模纳税人或个人开具发票时，需要开具增值税普通发票；一般纳税人销售免税货物、销售报关出口货物，将货物用于集体福利的，需要开具增值税普通发票；商业企业一般纳税人零售的烟、酒、食品、服装、鞋帽（不包括劳保专用部分）、化妆品等消费品不得开具增值税专用发票。

财务主管说

3. 增值税电子发票

增值税电子发票包括增值税电子普通发票和增值税电子专用发票。

2015 年 8 月，国家税务总局开始在北京、上海、浙江、深圳实行增值税电子发票试运行工作，这四个地区的纳税人可以通过增值税电子发票系统开具电子普票；2016 年 1 月 1 日，除了前面四个试点地区，其他地区纳税人也要使用增值税电子发票系统开具电子普票。现在，电子普票已经在全国范围内实施。

随着电子普票的普及，国家税务总局决定从 2020 年 12 月 21 日起，在天津、河北、上海、江苏、浙江、安徽、广东、重庆、四川、宁波和深圳 11 个地区的新办纳税人中实行电子专票；从 2021 年 1 月 21 日起，在北京、山西、内蒙古、辽宁、吉林、黑龙江、福建、江西、山东、河南、湖北、湖南、广西、海南、贵州、云南、西藏、陕西、甘肃、青海、宁夏、新疆、大连、厦门和青岛 25 个地区的新办纳税人中实行电子专票。这些地区开出的电子专票全国范围内都可使用，未来电子发票将会进一步扩大。

4. 机动车销售统一发票

国家税务机关规定凡从事机动车零售业务的单位和个人，在销售机动车（不包括销售旧机动车）收取销售款时，都必须开具机动车销售统一发票。

2020 年，国家税务总局、工业和信息化部、公安部三部门联合发布了《机动车发票使用办法》的公告，决定从 2021 年 5 月 1 日起启用下面新版机动车销售统一发票，不过机动车企业在 2021 年 12 月 31 日前依然可以继续开具旧版机动车销售统一发票。这意味着从 2022 年 1 月 1 日开始，机动车企业将不能再开具旧版机动车销售统一发票了，要开具新版机动车销售统一发票。

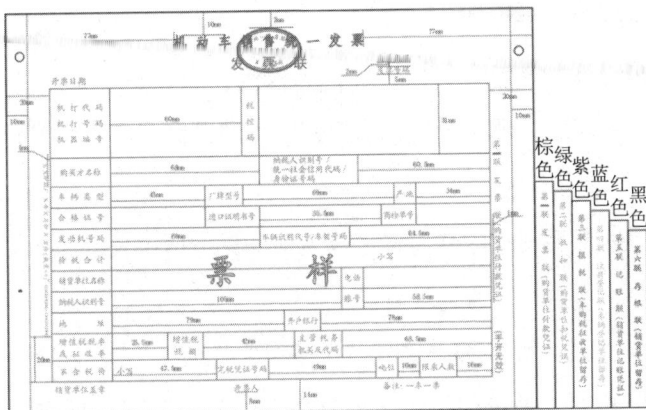

机动车销售统一发票为电脑六联式发票：第一联是发票联，印色为棕色，用于购货单位付款凭证；第二联是抵扣联，印色为绿色，用于购货单位扣税凭证；第三联是报税联，印色为紫色，为车购税征收单位留存；第四联是注册登记联，印色为蓝色，为车辆登记单位留存；第五联是记账联，印色为红色，用于销货单位记账凭证；第六联是存根联，印色为黑色，为销货单位留存。

5. 二手车销售统一发票

从 2018 年 4 月开始，二手车交易市场、二手车经销企业、经纪机构和拍卖企业，在销售、中介和拍卖二手车收取款项时，必须通过增值税发票管理系统开具二手车销售统一发票。

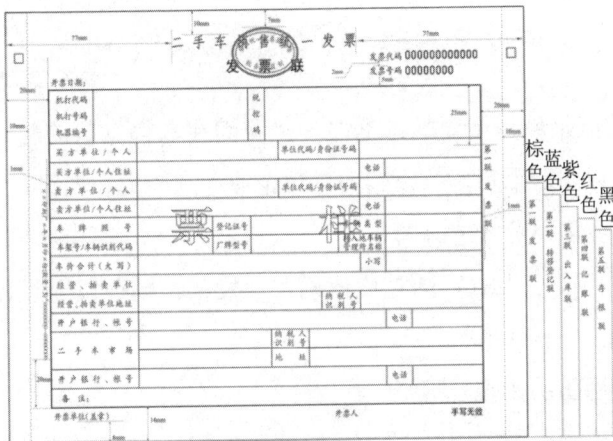

二手车销售统一发票为一式五联计算机票：其第一联为发票联，印色为棕色；第二联为转移登记联，印色为蓝色，为公安车辆管理部门留存；第三联为出入库联，印色为紫色；第四联为记账联，印色为红色；第五联为存根联，印色为黑色。对于发票中的"车价合计"栏次仅注明车辆价款，其他如办理过户手续中的其他费用应单独开具增值税发票，不得放入"车价合计"中。

2021年4月，商务部办公厅、公安部办公厅、税务总局办公厅联合发布《关于推进二手车交易登记跨省通办便利二手车异地交易的通知》。从2021年6月1日，在天津、太原、沈阳、上海、南京、苏州、杭州、宁波、合肥、福州、南昌、淄博、郑州、武汉、深圳、南宁、重庆、成都、昆明、西宁这20个城市设立推行试点，推行小型非营运二手车异地交易登记，从2021年9月1日起将试点扩大至直辖市、省会市、自治区首府市，到2022年上半年将全国推行，二手车交易更加便捷。

1.4 怎样辨别发票的真伪

某天，小王收到了一家下游企业快递的一张发票，检查了快递包裹后，就想要直接签收。这时候，主管走了过来，她一边拿走快递包裹，一边告诉快递员，需要等核实确认完毕后再签收。主管还告诉小王，收到的发票，一定要核实真伪和信息之后，才能签收确认。

发票是企业最为重要的票据之一，我们在取得发票的时候要注意辨别其真伪，以防因取得虚假发票而导致企业受到损失和处罚。

1. 增值税普通发票辨真伪

如果单位或个人取得的是增值税普通发票，则可以通过以下几种方法进行识别：

（1）专用防伪无碳复写纸

①弯曲状—荧光正反纸面变色防伪纤维（黄、蓝双面荧光）

将取得的增值税普通发票放在验钞机或其他 365 nm 紫外光光源下观察，你会发现发票纸张中有多根弯曲状防伪荧光纤维。如果使用紫外光光源交替照射发票的正、反面，则可看到同一根纤维呈现黄、蓝两种荧光交替变化。

②纸张温变防伪

增值税普通发票的记账联、发票联在一般情况下为白色，但是将其靠近吹风机、点烟器等简易加热器后，其纸张背面加热部分会由白色变成粉红色，注意这个颜色是不可逆的。

③纸张划线防伪

增值税普通发票的记账联、发票联在一般情况下是白色的，但是如果用指甲或竹签等光滑硬物在其背面用力快速划过，其纸面就出现浅蓝色线条防伪特征。

（2）监制章专用红外激发荧光防伪

增值税普通发票上的监制章位于记账联和发票联的上面居中，是长为 30.0 mm、高 20.0 mm 的椭圆形，并且椭圆形下半弧顶点据表格上边框线为 2.5 mm，里面的汉字字体为楷体，采用专用红外激发荧光防伪油墨印刷，在 960 nm 专用红外激光笔照射下发射出红色亮点。

（3）定制专用号码防伪

增值税普通发票右上角字符No后是 8 位长约 22.0 mm、高约 5.0 mm 的专用号码，并且发票号码颜色为深蓝色。

（4）压划变色红外非吸收油墨防伪

增值税普通发票各联次左上方的发票代码及右上方的字符（No）使用压划变色红外非吸收防伪油墨印制。在自然光下，发票代码和字符No看起来是灰黑色的，但在外力作用下发票代码和字符（No）周围的图案就会产生红色擦痕。

（5）微缩文字防伪

增值税普通发票上面的双杠线位于监制章内圈及票面表格上方中间处，在双杠线内有微缩文字防伪。如果使用 10 倍以上的放大镜，你就可看见上条线有地区加"增值税普通发票"汉语拼音首位字母微缩循环，下条线有"国家税务总局监制"汉语拼音的首位字母微缩循环构成的防伪。比如，某张发票，用放大镜就会看到上条线上有"SDZZHSHPTFP"，下条线就会看到有"GJSHWZJJZH"构成的防伪。

2. 增值税专用发票辨真伪

如果单位或个人取得的是增值税专用发票，则可通过以下几种方式进行识别：

（1）光角变色圆环纤维

增值税专用发票采用了防伪纤维来防伪。这种圆环状的防伪纤维是随机分布在专用发票的发票联、抵扣联和记账联的纸张中，有可能是在发票联，也有可能是在抵扣联或记账联专用纸张中。这种防伪纤维在自然光下基本看不出特别之处，但是如果使用 365 nm 的紫外光源，并且以小于 45 度的倾斜度去照射时，就会发现"奇迹"，在靠近光源的半圆环呈现红色，远离光源的半圆环则为黄绿色。

（2）造纸防伪线

增值税专用发票还使用了造纸防伪线来防伪，这些造纸防伪线分布在专用发票发票联、抵扣联和记账联中，它们在自然光下看是黑色线状水印，但是如果用 365 nm 紫外光源去垂直照射，就会出现红蓝荧光点形成的条状荧光带。

（3）防伪油墨颜色擦可变

增值税专用发票还使用了防伪油墨。像增值税专用发票中的发票代码使用的就是这种油墨，如果用白纸摩擦专用发票的代码区，就会发现白纸表面和代码区域都产生了红色擦痕。

（4）专用异型号码

增值税专用发票各联次右上方的发票号码都是专用异型号码，字体为专用异型变化字体。

（5）复合信息防伪

增值税专用发票的记账联、抵扣联和发票联票面上都具有复合信息防伪特征。大家可以使用复合信息防伪特征检验仪检测进行鉴别，如果是真的发票，则检验仪自动发出复合信息防伪特征验证通过的语音提示。

3. 官方网站查验发票

除了以上的鉴别方法外，还可以通过国家税务总局全国增值税发票查验平台官方网站查验发票。

取得增值税发票的单位和个人均可登录全国增值税发票查验平台，只要是通过该系统开具的增值税专用发票、增值税电子专用发票、增值税普通发票（折叠票、卷票）、增值税电子普通发票（含收费公路通行费增值税电子普通发票）、机动车销售统一发票、二手车销售统一发票，都可通过该系统查验真伪。

该网页的样式如下：

首次登录该系统的用户，需要进行根证书安装。用户根据网站提示，将根证书安装在合适的硬盘上，就可以使用该查验平台了。

查验时，增值税专用发票、增值税电子专用发票这两种发票，需要输入"发票代码""发票号码""开票日期""开具金额（不含税）"四项内容。

增值税普通发票、增值税电子普通发票（含通行费发票）、增值税普通发票（卷票）这三种发票则需要输入"发票代码""发票号码""开票日期""校验码后6位"这四项内容。

机动车销售统一发票需校验"发票代码""发票号码""开票日期""不含税价";二手车销售统一发票则需要校验"发票代码""发票号码""开票日期""车价合计"。

上述内容输入正确后,点击"查验"按钮,系统即可弹出查验结果。当出现发票样式时,则表示该发票存在。

如果出现"不一致"和"查无此票"两种结果,财务人员就应当认真核对发票信息,确认该结果的出现是否是由于信息输入有误,如果无误,则应该再次确认发票是否为正确发票,并确定该发票是否已经超过查询日期(每份发票当日最多可以查验五次,且只能查验最近五年内从增值税发票管理系统中开具的发票,当日开具的发票当日就可进行查验)。

当然了,不管是增值税专用发票还是增值税普通发票,用票单位或个人都有权申请税务机关帮助鉴别真伪。如果税务机关鉴定也有困难,则可请发票监制税务机关协助。

第2章　发票领购

2.1　新办纳税人怎样首次申领发票

一天，小王去办税服务大厅领发票时，听一个纳税人正向税务局工作人员请教怎么办理增值税发票的领用手续。原来这家公司是新成立的，属于新办纳税人。小王也不知道新办纳税人怎么申领发票，于是就在旁边认真听了起来。

新办纳税人办理税务登记后，如果需要开具发票，则要先向主管税务机关申请办理发票领用手续，等主管税务机关批准后才能领用，然后才能开具发票。纳税人能领用发票的种类、数量和开票限额等相关事宜不是随便确定的，而是根据纳税人的经营范围和规模来确定的。

纳税人首次领用增值税发票，需要同时满足以下三个条件：

第一，纳税人的办税人员、法定代表人已经按照各省税务机关的规定进行了实名信息采集和验证；

第二，纳税人有开具增值税发票的需求，并主动提出了申请；

第三，纳税人已经按照规定办理了税控设备发行等事项。

纳税人首次领用增值税发票时需要提交的材料

纳税人首次领用增值税发票时需要提交的材料：

1.《纳税人领用发票票种核定表》〔可在省（自治区、直辖市和计划单列市）税务局网站"下载中心"栏目查询下载或到办税服务厅领取〕；

2. 加载统一社会信用代码的营业执照副本；

3. 经办人身份证件原件；

4. 按照国务院税务主管部门规定式样制作的发票专用章的印模。

财务主管说

满足以上条件的新办纳税人可以通过当地办税服务厅和电子税务局办理领购增值税发票业务，现以网上申领为例进行说明，具体步骤如下：

1. 完成电子税务局身份注册

新办纳税人可以通过网上税务局手机 App 或者当地电子税务局官网注册，然后进行实名认证，认证之后就可以登录电子税务局网站了。

2. 申领发票前的准备工作

（1）确认工商信息

新办纳税人登录后进入当地电子税务局主页，点击"新办纳税人套餐"选项，进入服务界面。校验完证件后六位后，就可以进入套餐申请的主页面了。

申请服务时，纳税人需要首先核对系统弹出的工商登记信息，如企业名称、注册资本、法人姓名等字段。如果信息有误，纳税人需要自行前往工商登记机关进行变更，随后再进行税务登记。如果确认无误，则应当依次补充页面当中带"*"号的字段，并检查提交，之后再填写其他内容。

（2）完成财务会计制度及核算软件备案

在"财务会计制度及核算软件备案"页面，纳税人根据企业的实际情况，选择相应的会计制度，并选择正在使用或者即将使用的会计核算软件。随后，纳税人可以根据实际情况修改企业常用的报表项目，并选择报表的报送期间、期限和类型。

（3）存款账号填写

一般，企业在完成工商登记后，就会前往银行完成账户开立。但是也有一些企业会在税务登记后办理存款账户。提前开立账户的纳税人，在"存款账户账号报告"页面可以直接填写相应的账户信息。没有提前开立存款账户的纳税人，应当在开立账户后以企业名义登录电子税局官网进行相应信息的补充。

（4）选定纳税人资格

完成以上步骤后，企业就可以选择纳税人类型了。企业可以根据自身业务特征，自行选择要确认的纳税人类型。需要注意的是，选择成为增值税一般纳税人的，还需要填写核算地址，"纳税人类别"栏目选择"企业"，从下拉菜单中选择"主营业务类别"。此外，还要确认"会计核算健全"等信息。选择成为小规模纳税人的则不需要填写这些信息。

3. 发票的申领

（1）发票票种核定申请

企业根据所选纳税人类型以及自身业务情况进行发票种类的选择。但是应当注意的是：纳税人不能同时申请税控发票（包括：增值税专用发票、增值税普通发票、增值税电子发票、机动车销售统一发票）与通用机打发票。这句话的意思就是，纳税人只能二选一，或者申领税控发票，或者申领通用机打发票。申请时，纳税人需要在页面填写发票种类、数量等信息，并增加购票员信息。

（2）增值税专用发票最高限额申请

申请增值税专用发票的增值税一般纳税人和纳入自行开具增值税专用发票范围的增值税小规模纳税人，核定完专用发票的票种后，还需要申请办理增值税专用发票最高开票限额事项。

增值税专用发票最高开票限额申请需要提交的材料

1.《税务行政许可申请表》；

2.《增值税专用发票最高开票限额申请单》；

3. 经办人身份证件原件。

财务主管说

纳税人提交以上材料后，需要进入"增值税税控系统专用设备申领"页面申领税控设备，领取的方式可以为邮寄，也可以到税务机关自行领取。

（3）发票领用

完成以上步骤后，纳税人可以根据需求选择是否进行发票领用。需要领用发票的，应当补充领用信息。不需要领用的，则无须填写。

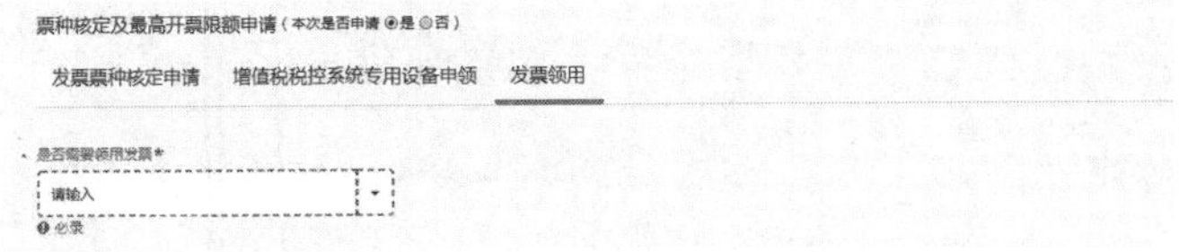

领用发票的，系统会弹出"发票使用风险提示提醒"，纳税人详细阅读该部分内容后，就可以填写领用信息了。这部分需要填写的内容包括：申请类型、发票种类、申请领用份数。

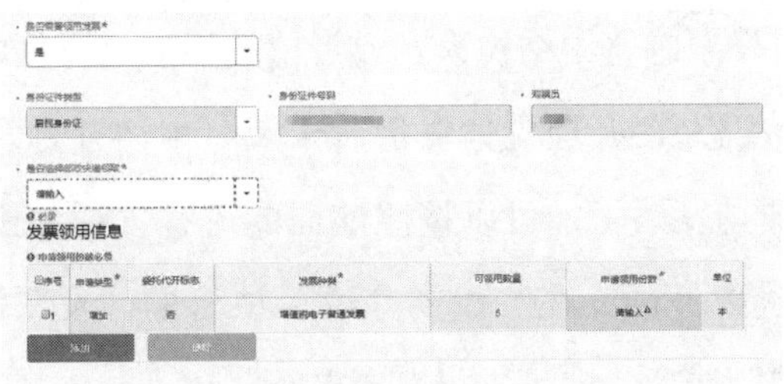

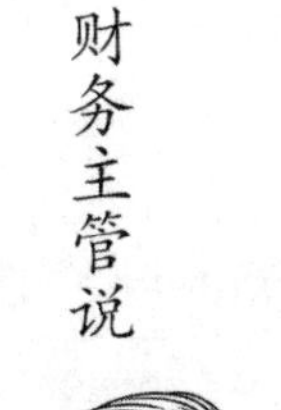

政 策 法 规

自 2018 年 8 月 1 日起，首次申领增值税发票的新办纳税人办理发票票种核定，增值税专用发票最高开票限额不超过 10 万元，每月最高领用数量不超过 25 份；增值税普通发票最高开票限额

财务主管说

政 策 法 规

不超过 10 万元，每月最高领用数量不超过 50 份。各省税务机关可以在此范围内结合纳税人税收风险程度，自行确定新办纳税人首次申领增值税发票票种核定标准。

纳税人完成上述申请后，可以在电子税务局的进度查询中查询套餐办理情况。如果各项信息符合规定，税务机关会及时受理上述内容，并在规定时间内将发票邮寄给纳税人，或者请纳税人自行领取发票。

如果新办纳税人在办理税务登记后未及时申请开具发票，后来因为业务需要想要开具发票了，可以按照前面的流程去税务机关申请，也可以自行登录电子税务局，在"我要办税"项目的"发票使用"栏位下，点击"发票领用"选项，即可进行发票申领。

2.2　新办纳税人怎样申请电子发票

新办企业如果想要申请电子普票，可以按照以下流程进行申请自行开具电子普票：

1. 提交发票票种核定申请

纳税人办理税务登记后，如果需要领用电子发票，可以按照上一节的操作向当地主管税务机关申请办理领用发票的相关手续，然后选择增加电子发票即可。当地主管税务机关会根据纳税人的经营范围和规模，以及纸质发票的情况确定纳税人电子发票的种类、数量、开票限额等相关事宜。

2. 领取并发行税务 UKey

企业办理完"发票票种核定"事项后，还需要领取并发行税务 UKey。税务 UKey 的领取有两种途径：一种是在税务大厅领取，携带营业执照副本和经办人身份证，在大厅税控管理岗直接免费领取税务 UKey；另一种是网上领取，企业在电子税务局"新办纳税人套餐"模块中免费领取税务 UKey，申请成功后，税务机关会将发行好的税务 UKey 邮寄给企业。有的地方还可以通过电子税务局移动端 App 办理。

3. 自行下载安装开票软件

纳税人收到税务 UKey 后，进入当地电子税务局首页的"纳税服务"，点击"下载中心"，进入"软件下载"模块下载最新版本的增值税发票开票软件。

新办纳税人完成以上三步后，就可以进入系统开具电子普票了。

如果是老企业，已经有了纸质发票，但是也想申请开具电子普票，毕竟电子发票不用邮寄，还可以重复打印，使用起来很方便的。那么只要填写一张"防伪税控开票子系统信息变更传递单"，在申请原因上写上"增加增值税电子普通发票"，填写完后，再填写一张"纳税人领用发票票种核定表"，写上申请的份数及开票版本就行，比如，10 万元版 10 张。然后去当地税务机关办税服务大厅，经办人员就会将企业信息变更，办好以后已注册企业就可以领取电子发票，开具电子普票了。

如果新办纳税人想要申请电子专票，应该怎么办呢？

新办企业完成票种核定和增值税专用发票（增值税税控系统）最高开票限额审批手续后，就可申领增值税纸质专用发票了。如果该企业所在地正好属于税务局确定实行增值税专用发票电子化的范围内，在申请增值税纸质专用发票的同时也可申领电子专票。

税务机关会按照电子专票和纸质专票的合计数来核定该企业增值税专用发票的领用数量，注意电子专票和纸质专票的最高开票限额是一样的。

电 子 专 票

电子专票是在增值税电子发票公共服务平台开具的，采用电子签名代替了印章，也就是说，电子专票上没有了发票专用章，可以通过全国增值税发票查验平台查验真伪，也可以通过该平台下载增值税电子发票版式文件阅读器，查阅电子专票并验证电子签名的有效性。

财务主管说

领用电子专票和纸质专票的纳税人，可根据受票方的需求，选择是给对方开具电子专票还是纸质专票，这两种发票的法律效力、基本用途和基本使用规定是一样的。

目前只有实行专票电子化地区的新办纳税人可以申请电子专票，不是新办的纳税人暂时还不能申请电子专票，不过相信未来所有企业都能申请电子专票。

2.3　申领发票前需要验旧吗

有一天主管告诉小王，公司的发票用完了，让她领购一下，并特意交代小王领购发票前要将之前开具的发票做一下验旧。小王对验旧、领购根本不懂，于是虚心向主管请教什么是验旧? 自己应该怎样领购发票?

发票验旧是指纳税人将已经开具发票的相关信息，按照发票代码和发票使用号码段区间向税务机关汇总报告的行为。其实也是纳税人将自己使用发票的情况上报给税务机关，让税务机关对纳税人已经开具的发票存根联（记账联）、红字发票和作废发票进行查验，看其开具的发票是否符合规定，并让税务机关知道纳税人已经将之前领用的发票都用完了。这是纳税人想要重新领用发票的前提。

纳税人可以通过电子税务局或纸质方式进行发票验旧。

1. 电子税务局发票验旧操作流程

纳税人进入电子税务局，并登录进入"办税桌面"，点击"我要办税"，再点击"发票使用"，接着点击"发票验旧缴销"，然后点击"增值税发票验（交）旧"；也可以直接在搜索栏中搜索"增值税发票验（交）旧"，然后选择要验旧的发票类型，填写申请表，再点击"完结"按钮，关闭该界面，就在网上完成了发票验旧。纳税人提交的申请表可在首页"文书结果查询及领取"模块查看进度。

如果纳税人需要验旧的是通用定额发票，则点击"通用定额发票"中需要验旧发票信息对应的"验旧"按钮，输入发票信息后点击"添加"，再点击"确认验旧"，就将定额发票验旧了。

其他发票网上验旧也是选择相应的发票类型，然后"确认验旧"就可以了。

2. 办税服务厅验旧流程

纳税人如果不想在电子税务局上验旧或者网上验旧遇到了问题，可以去当地的办税服务大厅进行发票验旧。去之前，纳税人需要将通过税控设备（金税盘、税控盘、税务 UKey）开具的发票完成网上数据上传，上传成功后带着已开具发票的存根联（记账联）、红字发票和作废发票，以及打印出来的"发票使用汇总数据报表"，到当时办税服务大厅进行发票验旧。当地税务机关根据增值税发票管理系统上传的发票的数据，通过信息化手段完成增值税发票验旧工作。

如果纳税人使用的是定额发票，那么只要携带已开具发票的存根联就可办理发票验旧了。

虽然现在企业都联网开票，并且每个月在申报之前还要抄报税，相当于将开票明细上传给了税务局，也就是自动验旧了，但是有时可能会遇到一些问题，导致无法申领发票，所以每次申请发票之前还是先进行一下发票验旧。

2.4　企业再次领用发票的流程

有些新人以前没领取过发票，所以对企业再次申领发票的流程不是很熟悉，以至于不是缺少这个，就是缺少那个，结果浪费了很多时间和精力。现将详细流程总结如下，供大家参考。

1. 检查是不是具备领票人的资格

如果自己不是法定代表人或财务负责人，企业购票员中也没有自己的名字，那是不能领取发票的。因为发票不能代领，想要领取发票需先将自己的名字加上。这个可以去当地税务大厅或网上办税服务平台办理，成为发票领购人之后才能领取发票。

2. 看看发票是否已经网上验旧

使用增值税发票管理系统的纳税人，如果不是首次领用发票，需要将之前开完的发票信息联网上传，或者到税务机关抄报增值税发票数据，方便进行发票验旧。虽然现在一些地方开完发票可以直接上传，但去领购发票之前还是检查一下这样更保险。

3. 看看是否清卡或纳税申报

去税务局领购发票之前看看清卡没有，没清卡是不能领购发票的；如果清完卡还是不能领购发票，可能是当月还没进行纳税申报。

4. 看材料是否带齐

身份证：需要有发票领购权人的身份证。现在很多地方有权领购发票的人拿着身份证就能去税务局领购发票，可以找相关人员办理，也可以直接在自动领票机那里办理。当然顺利领取的前提就是前面三步都完成了。

发票领购簿：检查一下发票领购簿是不是正常领票状态，领票人的名字是不是跟自己身份证上的一致。这一点很多地方已经不需要了，有的地方可能还需要。

公司印章：如果需要填写表单，一般都要加盖公司印章。

有的地方还需要带着金税盘，以及上一次所领发票最后一张存根联，并且需要加盖印章。有的地方可能还要填写领用发票申请单。

领完发票后，记得检查一下发票序列号的份数与序列号是否一致，同时不要忘记自己的证件。

现在是互联网时代，很多地方都可以直接从网上领用发票。如果你的企业已经实现办税人员实名信息采集和验证，那么可以按照下面步骤从网上申领发票。

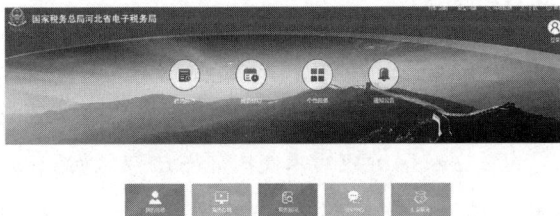

打开"国家税务总局"网站，选择"纳税服务"，点击"网上办税"，选择企业注册的地区登录网站，点击下面的"我要办税"按钮，填写相关信息，进行登录（如果你的企业还没注册过，就先注册，注册完成后再登录），然后点取"发票使用"，选择里面的"发票领用"项目，填写好需要领取的发票类型，确认无误后提交，等着税务机关进行审核（可以从这里查看发票领用的进度）。

纳税人网上申领发票申请通过审核后，可以实现同城配送，有的地方还是免费配送，最快上午申请，下午就能送到。这真是省心又便利。

如果企业的纳税信用非常好，是 A 级的纳税人，那么一次可将 3 个月的发票量都领取了；如果企业纳税信用没那么好，只有 B 级，那么一次最多只能领取 2 个月的发票量；如果企业的纳税信用是其他等级的，那么一次只能领取 1 个月的用量。

如果企业是处于纳税辅导期的一般纳税人，并且 1 个月内多次领用了专用发票，那么第二次去领用专用发票时，需要将上次开具的增值税专用发票税额预缴上。预缴的税款按照销售额的 3% 计算，如果不预缴税款，则不能领取专用发票。

如果企业是处于纳税辅导期的增值税一般纳税人，上一次领用的专用发票还没使用完就要再领发票，那么主管税务机关发放专用发票的份数不会超过核定的专用发票份数与未使用完专用发票份数的差额。

如果企业纳税信用不好，属于 D 级纳税人，那么只能跟辅导期一般纳税人享受一样的待遇，不仅专票，就是普通发票的用量都受到严格控制。

2.5　怎么办理发票增量和调整限额

根据我国发票管理的相关规定，各地的主管税务机关可以根据税收风险情况确定新办纳税人首次申领增值税发票的数量。一般而言，首次申领专用发票的企业，其每张专用发票开票限额（不含税金额）不得超过 10 万元，每月最多可以领取 25 份专用发票；每张普通发票开票限额也是 10 万元，不过每月最多可以领取 50 份。

企业如果因业务量增加导致增值税发票不够用，则可以向当地主管税务机关申请发票增量。发票增量可分为固定增量和临时增量。如果企业因业务量一时增多，发票的数量只是一时不够，则可以办理临时增量；如果企业在后续的经营中，业务量不断增加，以后发票的数量都不够，则需要办理长期增量。这里需要注意，纳税人想要申请发票增量，需要将之前领用的发票全部开具完毕后才能办理。

<h3 style="text-align:center">纳税人领用发票票种核定表（样例）</h3>

纳税人识别号			9144×××××××××××××				
纳税人名称			××市××公司				
领票人		联系电话	身份证件类型		身份证件号码		
张××		13×××××××××	居民身份证		44××××××××××××××××		
发票种类名称	发票票种核定操作类型	单位（数量）	每月最高领票数量	每次最高领票数量	持票最高数量	定额发票累计领票金额	领票方式
××××	变更	××	××	××	××		验旧领新
纳税人（签章）							
经办人：张×× 法定代表人（业主、负责人）：××× 填表日期：20××年×月×日							
发票专用章印模： 发票专用章							

对于临时增量，纳税人可以通过电子税务局，选择"我要办税""发票使用""发票票种核定""超限量领用发票特批"，进行办理。注意里面代"*"的表单都需要填写，纳税人需要填写申请理由，申请期限起止日期，申请超限量领用发票的种类、数量，确认无误后保存、提交，然后上传相关资料。如果无须上传资料直接点击"下一步"即可，审核无误后签名，确认提交。提交成功后，纳税人可以在"事项进度"中查询受理状态，也可以通过"文书号"查询详细情况。

对于长期发票增量，如果纳税人到办税大厅进行线下申请，则需要填写"发票增量书"，申请的内容包括企业目前主要从事的生产项目，提出增量前三个月的应税销售收入，实际缴纳的税额及企业税负等情况，还要有提出增量申请前三个月每月使用发票的数量，以及希望增加的数量。

另外，需要营业执照副本、经办人身份证原件及复印件、单位公章、发票专用章、发票领购簿、税控设备，如是"重点税源企业"还需提交《绿色通道证书》复印件，填写并报送《纳税人领用发票票种核定表》。具体填写时，表格中的"发票票种核定操作类型"应选择"变更"，数量填写企业所需数量，"领票方式"应当填写"验旧领新"。

当然纳税人也可跟临时增量一样进行网上办理，具体过程如下：

进入电子税务局，选择"我要办税""发票使用""票种核定"，然后将页面拉到最下方，点击"办理"，等进入票种核定主界面后，勾选需要增量的发票类型，选择接下来菜单中的"变更"，然后在"申请每月最高领票数量"后面输入需要增加的数量，在"从事经营"后面输入企业具体的经营范围，在"预计全年销售额"后输入企业预计的年销售额，核对无误后点击"下一步"。这时页面会跳转到"上传附报资料"，将一些资料上传，如果没有则直接提交，提交成功后等待税务部门的审核。

如果纳税人需要调整发票的限额，则要填写《防伪税控最大开票限额变更申请表（普通发票）》或《增值税专用发票最高开票限额申请表》，如果想要调整增值税专用发票的最高开票限额，则还需要填写《税务行政许可申请表》，然后带着身份证原件、营业执照副本去税务局办理，或者通过电子税务局办理，等税务机关审核通过后，再带着金税盘或税控盘去办税大厅进行调卡，完成后就可用开票系统开具调整后的最大金额发票了。纳税人在调卡前，需要将还没使用的空白发票缴销掉。

2.6　刚领用的空白发票丢失怎么办

有一次小王去领购发票，出门时主管叮嘱小王一定要保管好发票，不能丢失。小王好奇地问道："如果不小心把空白发票丢了会怎么样呢？"主管回答："发票可是咱们会计最重要的凭证，开完的发票丢失还可以补救，要是把空白票丢了，就等着受罚吧！"那么空白发票丢失之后又该如何处理？又会受到什么处罚呢？

实际工作中难免会出现丢失空白发票的情况，不管是什么原因造成的，丢失发票的纳税人在发现发票丢失的当日都应当书面报告当地主管税务机关。

丢失发票的纳税人可以通过办税大厅或者电子税务局进行书面报告。如果纳税人是通过办税大厅办理的，则应当提供《发票挂失 / 毁损报告表》；如果毁损发票的数量较大，纳税人还应当提交《挂失 / 毁损发票清单》；如果丢失发票的责任属于其他人，纳税人还应当提供《丢失发票情况说明》。

发票挂失 / 毁损报告表（样表）

纳税人识别号：

9	1	4	×	×	×	×	×	×	×	×	×	×	×	×	×	×	×

纳税人名称：××市××公司

	发票名称	发票代码	份数	发票号码		其中：空白发票		
				起始号码	终止号码	份数	起始号码	终止号码
挂失损毁发票	×××	××	×	××××××	×××××	×	××××××	×××××
挂失损毁情况说明	经办人：张三　　　法定代表人（负责人）：李四　　　纳税人（签章） 20××年××月××日　　　20××年×月××日　　　　年　月　日　　公章							
主管税务机关发票管理环节意见： 经办人：　　　　　　　负责人：　　　　　　　　税务机关（签章） 　年　月　日　　　　　年　月　日　　　　　　　年　月　日								
上级税务机关发票管理环节意见： 经办人：　　　　　　　负责人：　　　　　　　　税务机关（签章） 　年　月　日　　　　　年　月　日　　　　　　　年　月　日								

挂失/损毁发票清单（样表）

纳税人识别号：

纳税人名称：

	发票名称	发票代码	起始号码	终止号码	份数	类型	丢失被盗日期
增值税专用发票							
	合计						
普通发票							
	合计						

纳税人				税务机关			
经办人： 年 月 日	负责人： 年 月 日		纳税人（签章） 年 月 日	经办人： 年 月 日	负责人： 年 月 日		税务机关（签章） 年 月 日

　　如果纳税人是通过电子税务局办理的，则应当登录电子税务局系统挂失。具体的操作步骤如下（以广东省税务局为例，不同地区操作步骤有所差异）：

　　（1）以企业身份进入电子税务局，选择"我要办税—事项办理"下的"发票"项目；

　　（2）选择本栏目下的"发票挂失毁损报告"，进入挂失界面；

　　（3）在页面中添加发票信息，并依据发票丢失的类型选择相应的挂失种类和缴销类型；

挂失类型*	缴销类型*
▼	▼
1|丢失	04|空白发票丢失、被盗
2|被盗	13|已验旧发票存根联丢失被盗
3|损毁	14|未验旧发票存根联丢失被盗

（4）以上步骤完成后，系统进入"上传附报资料"界面。

此时，纳税人应当报送情况说明等资料，完毕后点击提交，等待税务机关的审核。

需要提醒各位财务人员的是，发票是日常工作中最为重要的原始凭证，尤其是空白的增值税专用发票，一旦丢失，纳税人不仅需要处理烦琐的丢失业务，还会受到监管的处罚：

《发票管理办法》第三十六条规定："跨规定的使用区域携带、邮寄、运输空白发票，以及携带、邮寄或者运输空白发票出入境的，由税务机关责令改正，可以处 1 万元以下的罚款；情节严重的，处 1 万元以上 3 万元以下的罚款；有违法所得的予以没收。丢失发票或者擅自损毁发票的，依照前款规定处罚。"也就是说，纳税人丢失发票的后，可能会被税务机关处罚，所以平时要注意保存好发票，以免被罚。

2.7　已开具的发票丢失怎么办

如果已经开具的发票丢失后，你会怎么办？让出票方将记账联复印一下寄过来？或者，如果是当月丢的，直接将其作废，如果跨月，红冲后再重新开一份？

这几种处理方法都不对。虽然现在发票丢失后不用再登报声明作废了，但是发现发票丢失的当天还是要马上书面向税务机关报告的，所以直接复印一份是不对的。另外，发票作废和红冲要将发票的所有联次都收回，并加盖上作废印章，所以丢失后直接作废或红冲也是不正确的。

发票丢失不是小事，情节轻的税务机关可处 1 万元以下的罚款；情节严重的，可以处 1 万元以上 3 万元以下的罚款，并且会影响企业的纳税信用评价分数。所以，纳税人发现已经开具的发票丢失后，不管是增值税普通发票还是增值税专用发票都要在发票丢失的当日，由丢失方向其主管税务机关书面报告。可以去当地办税服务大厅书面报告，也可以在电子税务局上操作，网上报告的具体步骤可以参考上面"空白发票丢失"相关步骤。

纳税人办理发票挂失手续后，按照不同情况进行操作。

1. 如果纳税人丢失的是增值税专用发票

（1）发票联、抵扣联同时丢失：根据 2020 年国家税务总局发布的《关于增值税发票综合服务平台等事项的公告》，纳税人同时丢失已开具增值税专用发票或机动车销售统一发票的发票联和抵扣联，可凭加盖销售方发票专用章的相应发票记账联复印件，作为增值税进项税额的抵扣凭证、退税凭证或记账凭证。现在已经不需要再前往税务机关申请开具《丢失值税专用发票已报税证明单》了。

（2）发票联丢失，购买方可将抵扣联复印件当记账凭证。

（3）抵扣联丢失，购买方可将发票联复印件作为退税或抵扣凭证。

（4）记账联丢失，可将发票联或抵扣联的复印件当作记账凭证（复印件上需加盖这两个联次保存方的公章），也可以在开票系统里用 A4 纸再打印一张发票用来记账。

（5）全部联次在认证前全部都丢失，其处理方法跟空白发票的处理方法一样。

2. 如果纳税人丢失的是增值税普通发票

（1）丢失普通发票的记账联，可以凭借加盖购货方公章或个人签章的发票联复印件记账。

（2）丢失普通发票的发票联，需要加盖原开票单位公章的记账联复印件，还要经过经办单位会计机构负责人、会计主管、单位领导审批后才能当作原始凭证。如果原始凭证丢失损坏确实无法取得证明的，像火车票、轮船票、飞机票等凭证，由当事人写出详细情况，然后由经办单位会计机构负责人、会计主管人员和单位领导人批准后，代作原始凭证。

2.8 电子发票丢失了怎么办

与纸质发票相比，电子发票丢失后处理起来就方便很多。

如果受票方将取得的电子普票丢失了，那么直接跟出票方联系，让其再发送一次就行了，出票方可以按照下面的方法重新发送对方丢失的电子普票：

（1）点击"增值税电子普通发票手工上传"，找到对方丢失的那张发票，然后点击"客户信息"，输入对方的邮箱或者手机号，重新发送；

（2）点击"已开发票查询"，从这里找到那张丢失的发票，然后点击查看原票，点击 PDF，下载 PDF 文件，可以通过邮箱或微信、QQ 等方式传送给对方；

（3）点击"已开发票查询"，找到那张发票，点击查看原票，然后点击"我的电子票"，并下载该电子发票，通过邮箱发送给对方。

如果受票方将取得的电子专票丢失或损毁了，也不用太着急，可以根据以下几种办法找回来：

（1）直接向对方重新索要；

（2）如果你知道（不知道的可以向开票方索要）发票代码、发票号码、开票日期、开具金额（不含税）等信息，在全国增值税发票查验平台输入以上信息，然后查验。在查验明细中，点击"版式文件下载"，将该电子专票的电子档下载下来，保存好就行了。当然，也还以点击"打印"，将其打印在纸上，多一份保险。

2.9　在电子税务局领用发票常见问题解析

自从小王知道有电子税务局后，一切能在电子税务局上处理的事情小王都在电子税务局上处理，比如，领用发票，小王都是直接网上申请。

因为经常网上领用发票，小王遇到了很多问题，细心的小王将这些问题及解决办法都总结记录下来，以便以后遇到同样的问题能快速处理。

现在很多纳税人选择在电子税务局上领用发票，现将纳税人经常会遇到的问题汇总一下，并附上相关解决办法，以便查取。

信息

未获取到本期抄报信息！请在联网状态下登录开票软件，完成本期抄、报税后再申请，否则会造成税控发票领用失败。

确定

1.点击"获取票源"时，提示：未获取到本期抄报信息

解决办法：

（1）发票发放模块需要在抄报税、清卡成功之后才能进行，所以检查一下是否完成了抄报税及清卡操作；

（2）如果是已经完成之后，还出现这个提示，那么检查一下是否通过了对比结果。如果没有显示对比结果，或者对比失败，那么可以将之前的申报作废重新申报，或者更正申报，再试一下；如果对比结果通过了，那么就带上税控盘去线下办税服务大厅，找相关人士处理吧。

2.点击"获取票源"时，下面的"可领用数量"显示为0

解决办法：

（1）可能还有发票未验旧，先返回去将已开发票验旧，成功后再打开就可以显示出可领发票份数；

（2）如果验旧成功，依然显示为"0"，说明开票系统中的份数就是0，这需要跟税务机关联系，让他们修改系统中的信息。

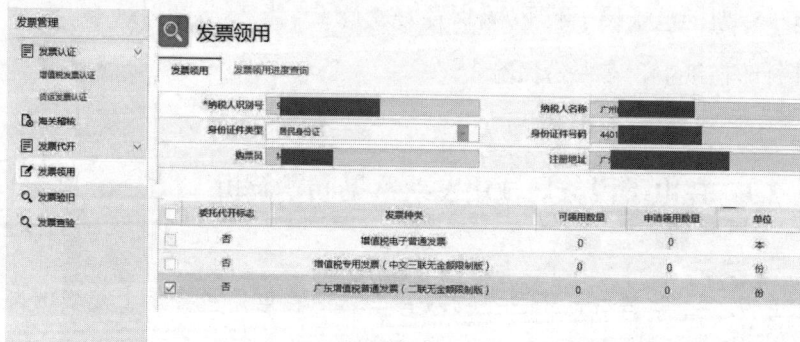

3. 申请领用发票时，提示，fwsk 网络版写盘异常：发票发售数据写入数据库失败

解决办法：如果出现这样的错误，需要跟税务局联系，做退票处理，再重新申请。

信息
fwsk网络版写盘异常：发票发售数据写入数据库失败，原因：3400181130发票代码段：10156467--10156468部分或者全部已在库中存在！
确定

4. 点击"发票发放"后，提示：库房中的发票发生变动，请刷新后重试

解决办法：因为现在发票发放系统是实时数据，如果纳税人网上领取发票时操作时间过长，这时其他纳税人率先领取了发票，于是库存中的发票就会发生变化，需要纳税人退出系统重新操作。大家网上领取发票时，动作还是要快一点，否则就会被别人捷足先登。

信息
出现系统级异常！ 收起
调用GT3应用集成接口失败：【调用系统服务出错，异常所在server名hxhd_ahst_sur002，异常原因：1010410002000042库房中的发票发生变动，请刷新后尝试！】。
确定

5. 发票领用时提示：发票发放失败，请您稍后尝试

解决办法：如果出现这样的错误，需要将纳税人识别号及纳税人所属税务机关信息提供给税务运维后台处理。

6. 提交"邮寄领票"后提示，fwsk 网络版写盘异常：该企业为非正常企业，未通过

解决办法：这个提示是因为纳税人在防伪税控系统中是非正常户，需要去线下办税服务大厅找相关人员办理。

信息	信息
发票发放失败，请您稍后尝试！失败原因：防伪税控网络版写盘异常001：上月未报税，未通过	fwsk网络版写盘异常：该企业为非正常企业，未通过
确定	确定

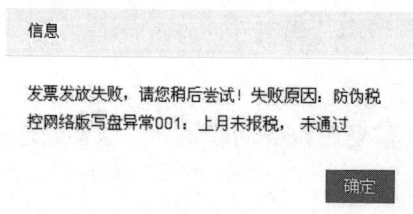

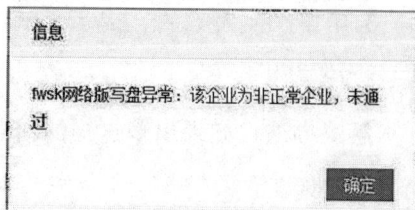

7. 邮寄过来的发票出现漏印、缺号、串号等问题

如果纳税人从电子税务局上领用发票，邮寄过来后发现发票有漏印、缺号、串号、重号、联次缺失、防伪标识出现问题等情况，这时纳税人需要将已经领取的发票封存起来，等待税务机关的收回。

2.10　跨地区经营如何领用发票

企业经营过程中，有时会涉及临时跨地区经营，这时应该怎么领用发票呢？《发票管理办法》第十七条、第十八条是这样规定的：

第十七条　临时到本省、自治区、直辖市以外从事经营活动的单位或者个人，应当凭所在地税务机关的证明，向经营地税务机关领购经营地的发票。

临时在本省、自治区、直辖市以内跨市、县从事经营活动领购发票的办法，由省、自治区、直辖市税务机关规定。

第十八条　税务机关对外省、自治区、直辖市来本辖区从事临时经营活动的单位和个人领购发票的，可以要求其提供保证人或者根据所领购发票的票面限额以及数量交纳不超过 1 万元的保证金，并限期缴销发票。

按期缴销发票的，解除保证人的担保义务或者退还保证金；未按期缴销发票的，由保证人或者以保证金承担法律责任。

税务机关收取保证金应当开具资金往来结算票据。

之前企业跨区域经营需要先到所在地的主管税务机关开具《外出经

营活动税收管理证明》，拿着证明和营业执照副本、税务登记副本、法人身份证、经办人身份证以及跟异地经营活动有关的合同协议等资料，到异地主管税务机关办理报验登记手续，然后在异地主管税务机关填写《申请领购发票审批表》，批准后才可领购发票。

不过，2017 年国家税务总局发布了《关于创新跨区域涉税事项报验管理制度的通知》，通知规定，纳税人跨区域经营前不用再开相关证明，只需要填报《跨区域涉税事项报告表》就可领用发票。如果纳税人跨省（自治区、直辖市和计划单列市）临时从事生产经营活动，需要向机构所在地的主管税务机关填报《跨区域涉税事项报告表》；如果纳税人在省（自治区、直辖市和计划单列市）内跨县（市）临时从事生产经营活动，是否需要进行跨区域涉税事项报验管理将由各省（自治区、直辖市和计划单列市）税务机关自行确定。

根据以上的规定，如果纳税人是在省内跨县（市）从事临时生产经营活动，想要领用发票要看各省税务机关的规定，外出之前到当地税务局网站或者办税服务大厅查询一下。

2021 年 1 月，国家税务总局起草了《发票管理办法（修改草案征求意见稿）》，并向社会公开征求意见。修改草案中对纳税人跨区域经营进行了修改，因为现在很多地方对异地经营领用发票已经不需要提供保证人或收取发票保证金，所以将之前的第十八条删除了，从制度上固化"放管服"，以后外出经营领用发票会更加便捷。

2.11　如何进行发票缴销

小王所在的公司有一次去外地经营，需要开具发票，小王负责办理了异地领购发票的相关业务。经营结束后，小王发现发票还没用完，于是就问主管应该怎么办，主管告诉小王没用完的发票要缴销。

发票缴销是纳税人对已经领取的发票到税务机关进行缴销的过程，

也就是税务机关将纳税人领取的空白发票做剪角处理，具体可以分为以下几种情况：

（1）纳税人因变更或者注销税务登记需要交回已领用发票；

（2）因国家政策或者地方性政策变更，发票出现了换版，旧版发票无法继续使用，纳税人交回已领取的发票；

（3）因各种原因出现了发票损毁，纳税人需要向税务机关交回已领发票；

（4）纳税人申请了跨区经营，现跨区经营活动结束，需要向税务机关交回已领发票；

（5）已经开具发票保管期限到期时，也应当办理发票缴销。

以上几种情况，需要交回的发票都是尚未使用的发票。如果是已经使用的发票，则应当按照发票验旧程序前往税务机关核验。

纳税人进行发票缴销有三种途径：一种是通过线下税务大厅办理，另一种是通过电子税务局办理，还有一种是通过税务机关的 App 进行办理。

办税大厅办理缴销时，纳税人需要提供《发票领购簿》、需要缴销的发票和办理人的身份证件。税务机关在核验发票数量、号码等信息后，即可接受纳税人申请，为纳税人办理发票缴销。

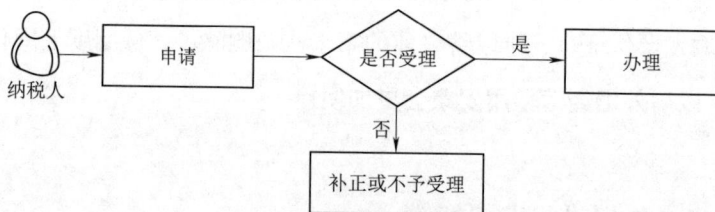

在电子税务局办理发票缴销，纳税人可以进入电子税务局官网，点击导航栏的"发票验旧缴销—发票缴销"项目，填写相应的发票代码信息，在检查票号等信息后点击完成。等税务机关接受申请并审核完毕后，纳税人需要将发票寄回税务局，请其完成验证和剪角（手机 App 流程与电子税务局类似，不再介绍）。

第3章　发票开具

3.1　金税盘、税控盘、税务 UKey 三者的区别

有一次，小王外出去买东西，开发票时发现对方使用的是一个黑色的盒子，但是小王记得自己公司开票时使用的是白色盒子啊，都是开票，为什么不同公司使用不同颜色的盒子呢？

提到发票开具，大家都知道要用金税盘、税控盘、税务 UKey 开票系统，但很多人并不清楚这三种开票系统，它们之间到底有什么区别？这还要从我国开票系统的变迁说起。

我国开票系统的变迁可以划分为以下四个阶段：

第一阶段：手工开票阶段，无开票系统（1994 年）

1994 年，我国刚推行税制改革，发票开具只有手写和定额两种形式。那时国税、地税分立，因为行业众多，导致发票种类和样式各种各样。

第二阶段：若干开票系统并存（2000 年）

为了加强对发票的管理和控制，国家税务总局开始跟很多公司合作开发各种开票系统。2000 年 1 月 1 日，国家税务总局跟航天信息股份有

限公司合作开发的增值税防伪税控系统正式运行。一般纳税人（提供货物运输服务的纳税人除外）可以通过这个系统开具增值税专用发票和增值税普通发票。不过纳税人想要使用这个系统需要购买航天信息的**金税盘**（白色的）和报税盘。

2009年，各地税务局开始对全国范围内普通发票的票种和式样进行合并和优化，将发票简并为通用机打发票、通用手工发票和通用定额发票三大类。这些普通发票的开具平台是由各省自己搭建的，各省的防伪措施也各不相同。

2013年，国家税务总局跟百旺金赋公司合作开发了货物运输业专用发票税控系统。那些提供货物运输服务的一般纳税人可以通过这个系统开具货物运输业增值税专用发票和机动车销售统一发票。不过纳税人想要使用这个系统需要购买百旺金赋公司的**税控盘**（黑色的）和报税盘。

第三阶段：发票系统融合期（2015年）

对企业来说，两套税控系统并存，不仅使用和维护很不方便，还额外增加了企业的成本，国家税务总局开始着手将这两套系统进行融合。

2015年，国家税务总局开始面向全国推出了增值税发票系统升级版，很多人将这个新升级的系统称为"增值税发票管理新系统"。这个系统很强大，金税盘和税控盘都可以在这个系统中使用，可以开具增值税专用发票、货物运输业增值税专用发票、增值税普通发票和机动车销售统一发票。要说两者的区别，就是在这个系统中使用税控盘开出的发票左上角有机器编码，金税盘开具的发票则没有。

2016年，纳税人可以通过增值税发票管理系统中的增值税电子发票子系统开具电子普票。这种电子普票票面上有税控签名和企业电子签章，收票人取得这种电子普票后可以直接打印出来作为有效凭证，无须再额外加盖发票专用章。

2018年4月，增值税发票管理系统又进行了升级，纳税人可以通过升级后的系统开具二手车销售统一发票。

第四阶段：系统再升级，"增值税发票综合服务平台"正式上线（2019年）

2019年10月，增值税发票管理系统2.0开始在全国各地上线，之前的"增值税发票选择确认平台"升级为"增值税发票综合服务平台"。这个服务平台是在增值税发票管理系统的基础上，融合了电子签章系统、版式文件系统、税务 UKey 系统后形成的一个大的信息系统。纳税人可通过这个综合服务平台进行增值税发票的网上抵扣勾选、退税勾选、代办退税勾选、成品油消费税申报、勾选库存、进销项发票查询和下载等相关事项。

此外，纳税人还可以在这个服务平台上免费使用税务 UKey 开具电子发票。通过这个系统开具的电子发票跟通过其他系统开具的电子发票有一个很大的不同，就是不再有企业电子签章，也就是在"备注"栏不再有企业的"发票专用章"。如果你收到这种没有企业签章的电子发票，不要以为是"假发票"，它不过是通过税务 UKey 系统开具出来的而已。

随着服务平台的不断升级，税务 UKey 的功能也不断完善。税务 UKey 系统使用很方便，只要电脑有 USB 接口，就可以轻松开具增值税发票，并且是真正的免费。只要企业已经办理了税务登记并按照固定期限申报纳税，就可以免费申领税务 UKey，然后通过该系统开具电子普票。之前那些已经购买了金税盘、税控盘的纳税人，也可以使用这个系统开具电子普票。现在，推行电子专票地区的新办纳税人可以免费使用税务 UKey 开具电子专票，当然也可通过这个系统开具纸质专票。

之前企业想开增值税发票，需要跟像航天信息或百旺金赋这样的第三方购买增值税税控设备，也就是金税盘或税控盘。企业使用第三方的税控设备当然不是免费的，不仅购买设备要钱，每年还要缴纳一定的技术维护服务费。但是现在很多地区的新办纳税人想要开具增值税发票（包括增值税专用发票、增值税电子专用发票、增值税普通发票、增值税电子普通发票、机动车销售统一发票和二手车销售统一发票），可以选择免费的税务 UKey，就不用再花这笔钱了。当然已经使用金税盘、税控盘开票的企业，也可以自愿免费换领税务 UKey。估计不久，全国的纳税人都可以通过这个平台开具增值税发票，再也不用交服务费了。

3.2 新办纳税人如何网上领用税务 UKey

前面介绍了想要开具发票的企业需要有开票系统，企业自愿可以购买金税盘、税控盘或使用免费的税务 UKey。

需要使用增值税税控系统的纳税人，税务机关会发放一份《增值税税控系统安装使用告知书》，告诉纳税人相关的政策规定及能够享有的权利。收到这份"使用告知书"的单位，可以自愿选择使用金税盘、税控盘或税务 UKey 三种任一种开票系统。

税控专用设备丢失（或被盗）

如果纳税人使用的税控盘、金税盘、报税盘等税控专用设备丢失、被盗，应及时向主管税务机关报告报送《丢失、被盗税控专用设备情况表》，专用设备遗失相关情况的书面报告资料，到服务单位领取新的专用设备后由税务机关进行更换金税盘、税控盘操作。

财务主管说

选择使用金税盘、税控盘或者特定纳税人使用报税盘的，凭借税务机关发放的"使用告知书"向增值税税控系统服务单位购买，具体购买地址企业税务登记后会有人告知。金税盘、税控盘以及特定纳税人使用报税盘，也是分不同价格的，只具有基本开票服务的价格较低，功能更多的价格相对也高，操作可能更加便捷，企业要根据自己的实际情况选择适合自己的就好。这两个税控系统每年还需要缴纳服务费。

如果新办纳税人不确定要购买什么样的，那就多了解一下。如果纳税人所在地可以使用税务 UKey，则建议优先使用这个免费的税务 UKey，这是国家为了减轻纳税人负担，方便纳税人开票而搭建的系统，以后使用会越来越便捷。

新办纳税人可以去办税服务大厅或网上领用税务 UKey，现以广东省网上领用 UKey 为例介绍其流程：

（1）登录广东省电子税务局（企业根据所在地选择当地的电子税务局），以企业身份登录，依次点击"我要办税""发票使用""发票票种核定"，核定企业的票种。如果企业还申请了增值税专用发票，那么还需要申请增值税专用发票最高开票限额审批。这些前面已经介绍过，这里就不再具体介绍了。

（2）首次核定增值税税控发票票种的纳税人，点击上方的"增值税税控系统专用设备申领"，这时系统会弹出一个提示（以广东为例）：

根据《国家税务总局 广东省税务局关于推行增值税电子发票公共服务平台（优化版）的通告》，广东省需要开具增值税普通发票、增值税电子普通发票、增值税专用发票、机动车销售统一发票和二手车销售统一发票的新办纳税人，统一免费领取税务 UKey 开具发票。

点击"确定"按钮。

（3）申领方式可以选择"在线申请"；也可以选择"增值税税控系统专用设备服务商"带出"税务 UKey"。领取方式可以选择去"税务机关领取"，也可以选择"邮政快递"。选择邮寄的纳税人还需要根据实际情况填写邮寄地址。这个邮寄地址每个地方的规定不同，像广州纳税人只允许选择生产经营地址或注册地址，非广州纳税人只允许选择本市，不能跨市邮寄。

（4）做完这些后，纳税人就等待税务机关对票种的核定和税务 UKey 的发行。如果你想查看税务机关的进度，可以点击"我要办税""事项办理""事项进度管理"查看。如果查到票种已经通过了审核，那么之前选择去"税务机关领取"的纳税人，可以带着有效证件去办税服务厅领取，选择

"邮政快递"的纳税人则在家等待快递送达。

广东省的纳税人也可以通过电子税务局移动端 App 领用税务 UKey，具体流程与网上领取的差不多，这里就不再具体介绍，想要采用这样方式领取的可以查看上面的"填报说明"。

企业领用税务 UKey 后，根据说明在电脑上安装运行后就可以开发票了。

3.3 开具增值税发票需要什么标准的设备

有一天，主管教小王怎么开发票。小王乘机问主管：一家企业想要开增值税发票，计算机配置需要达到什么标准才能开具？还有，打印发票的打印机是不是跟平时使用的普通的打印机不同？

企业想要通过增值税税控系统开具发票，需要计算机，这个由纳税人自行购买，可以是台式机，也可以是笔记本，由纳税人根据自己的需求自行决定。任何单位和个人不得借税务机关的名义，或者其他原因，比如，专用设备兼容性等借口强制纳税人购买某种品牌的计算机或软件。

增值税税控系统通用设备基本配置标准

计算机
1. CPU 主频：800 MHz 及以上；
2. 内存：256M 及以上；
3. 硬盘：40G 及以上；
4. 光驱：CD-ROM 或 DVD 驱动器；
5. 操作系统：Win2000 及以上；
6. 需要 2 个及以上可用的 USB 接口。
打印机
1. 80 列行宽及以上；
2. 复写能力为 1+3 及以上。

财务主管说

纳税人按照上面的配置购置计算机和打印机。

打印机需要选择可以打印多联发票的针式打印机。其他类型的打印机，比如，激光打印机或喷墨式打印机等是不能用来打印多联发票的。

选择打印机时，除了功能价格外，还要考虑更换耗材（主要是色带或者整体色带架）是否容易，耗材的价格是否便宜。

另外，打印机要求"复写能力为 1+3 及以上"，这里"复写能力 1+3"表示该打印机能打 1 份原件 +3 份复印件，也就是能打印 4 联发票，如果需要开具增值税普通发票或增值税专用发票的企业这样就够了。如果是需要开具二手车销售统一发票（5 联）的企业则需要选择复写能力 1+4 及以上的，如果是需要开具机动车销售统一发票（6 联）的企业，则需要选着复写能力 1+5 级以上的，企业在购买打印机前一定要问清楚。

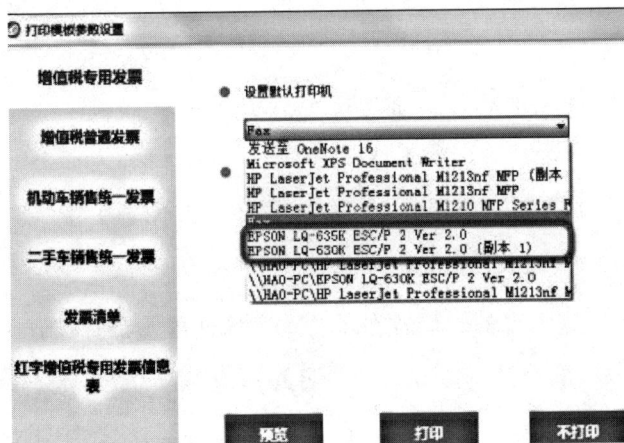

初次使用打印机打印增值税发票时，要按照发票纸的规格来调整打印机设置。开票人员可以在增值税发票系统中调整打印机，现以金税盘开票为例进行说明：

进入增值税发票系统后，点击"系统设置"，再点击"打印模板参数设置"，选择"增值税发票的类型"，如果需要开的是增值税专用发票那就选择"增值税专用发票"，然后点击"设置默认打印机"，选择企业所用针式打印机的型号。选择好打印机型号之后，进行"边距调整"，在"向下调整"和"向右调整"中输入合适的数就好。

这个"合适的数"是多少呢？开票人员可以按照下面的小技巧进行摸索。开票人员先将需要开具的发票填写完整，确认无误后点击"打印"，则自动生成预览界面，将预览界面的内容打印到准备好的空白 A4 纸上（空白 A4 纸是为了方便后面的比对）。然后取一联空白发票，放在已经打印了发票内容的 A4 纸上，将该发票的左上角跟 A4 纸的左上角对齐，对着亮光观察 A4 纸上的内容跟发票每一格的位置是否对应，如果恰好都在对应的格子内，则说明不用调整，如果有偏移则需要根据偏移的多少进行调整，直到合适为止，再点击应用。最后将所有联次的发票整理齐全，放到打印机中进行打印即可。

如果企业购买了金税盘或税控盘的服务，调整不好发票，可以直接找他们的售后，询问他们怎么调整，也可请他们远程协助或上门帮助调整。

3.4　开具增值税发票需要注意的问题

开票人员在开具增值税发票时要注意以下几个问题。

1. 必须填写"购买方纳税人识别号"

2017 年，国家税务总局发布了《关于增值税发票开具有关问题的公告》，该公告规定：从 2017 年 7 月 1 日起，购买方为企业的，索取增值税普通发票时，应向销售方提供纳税人识别号或统一社会信用代码；销售方为其开具增值税普通发票时，应在"购买方纳税人识别号"栏填写上购买方的纳税人识别号或统一社会信用代码。如果开具的增值税发票不符合这个规定，则不能作为税收凭证，也就是说不能用来办理计税、退税、抵免等涉税业务。

上面的企业包括公司、非公司制企业法人、企业分支机构、个人独资企业、合伙企业和其他企业。如果购买方是个人消费者、个体工商户，或者行政机关、事业单位社会团体等非企业性单位，则可不用填写其纳税人识别号。如果是个人消费者想要索取增值税普通发票时，则无须向销售方提供纳税人识别号、地址电话、开户行及账号信息，也无须提供相关证件或其他证明材料。

2. 要正确选择商品和服务编码

从 2018 年 1 月 1 日开始，纳税人通过增值税发票管理系统开具的增值税专用发票、增值税普通发票、增值税电子普通发票时，纳税人销售商品或提供服务的税收分类编码所对应的简称会自动显示并打印在发票票面上的"货物或应税劳务、服务名称"栏次中。比如，主营住宿业务的纳税人所开具的发票上面要打印出"住宿服务 * 住宿费"字样，如果没有这样字样的发票就不是合乎规定的发票。

如果企业开具的发票上没有商品或服务税收分类编码的简称，或者简称的逻辑关系不对，这样的发票就属于不符合规定的发票，这样的发票是不能作为税收凭证的。企业要根据实际销售的商品，正确选择商品和服务编码。

3. 要如实填写商品内容

销售方开具增值税发票时，要按照实际销售情况如实填写发票内容，也就是说，销售的是什么就填写什么，不能按照购买方的要求填开与实际交易不符的内容。比如，有企业从超市购买了一批茶叶、红酒、笔等作为礼品，则超市不能笼统地直接写"礼品"，而是在《商品和服务税收分类与编码》中找出具体的茶叶、红酒、笔等物品，如实填写上去。如果商品种类比较多，则可以从防伪税控中开具明细清单。

销货方开具发票时，需要将销售平台系统跟增值税发票税控系统的后台对接起来，将企业开票信息导入增值税税控系统，以便国家及时了解企业的开票情况。导入信息时要保证开票信息跟实际交易相符，如果不符，需要及时完善企业销售平台的系统。

4. 要正确填写各个栏次

增值税发票上的"开票方"必须要填写。大多情况下"开票方"是销售商品、提供服务以及从事其他经营活动的"收款方"，一般情况下也应该是由"收款方"向"付款方"开具发票。但是以下两种特殊情况则是由付款方向收款方开具发票：

（1）收购单位和扣缴义务人支付个人款项时；

（2）国家税务总局认为其他需要由付款方向收款方开具发票的情况。

发票上的"收款人"和"复核"则根据实际情况确定。

此外，开具增值税发票时还要按照应税行为的不同，选择正确的适用税率或征收率。

适用一般纳税人的税率表

税率	项目明细	备注
13%	销售或进口货物（另有列举的货物除外）	
	销售劳务	
	有形动产租赁服务	
9%	不动产租赁服务	另有列举的货物
	交通运输服务	
	销售不动产	
	建筑服务	
	转让土地使用权	
	邮政服务	
	基础电信服务	
	粮食等农产品、食用植物油、食用盐	
	自来水、暖气、冷气、热水、煤气、石油液化气、天然气、二甲醚、沼气、居民用煤炭制品	
	图书、报纸、杂志、音像制品、电子出版物	
	饲料、化肥、农药、农机、农膜	
	国务院规定的其他货物	
6%	销售无形资产	
	增值电信服务	
	金融服务	
	现代服务	
	生活服务	
零税率	出口货物（国务院另有规定的除外）	境内的单位和个人销售适用增值税零税率的服务或无形资产的，可以放弃零税率，选择免税或按规定缴纳增值税。不过放弃零税率后，36个月内不得再申请适用增值税零税率
	境内单位和个人跨境销售国务院规定范围内的服务、无形资产	
免税	销售货物、劳务，提供的跨境应税行为，符合免税条件的	

小规模纳税人及允许适用简易计税方式计税的一般纳税人征收率表

征收率	项目明细	备注
3%	小规模纳税人销售货物或加工、修理修配劳务，销售应税服务、无形资产	
	一般纳税人发生按规定适用或可以选择适用简易计税方法计税的特定应税行为，但适用 5% 征收率的除外	
	小规模纳税人（不含其他个人）以及符合规定情形的一般纳税人销售自己使用过的固定资产	3% 减按 2% 征收，应纳增值税 = 售价 /（1+2%）× 2%
	纳税人销售旧货	
	从 2020 年 5 月 1 日起至 2023 年 12 月 31 日，从事二手车经销的纳税人销售其收购的二手车	3% 减按 0.5% 征收，应纳增值税 = 车辆售价 /（1+0.5%）× 0.5%
5%	销售不动产	
	符合条件的经营租赁不动产（土地使用权）	
	转让营改增前取得的土地使用权	
	房地产开发企业销售、出租自行开发的房地产老项目	
	符合条件的不动产融资租赁	
	一般纳税人提供的人力资源外包服务	
	选择差额纳税的劳务派遣、安全保护服务	
	个人出租住房	5% 减按 1.5% 征收，应纳增值税 = 租金收入 /（1+1.5%）× 1.5%

5. 备注栏的填写要正确

有一些发票的备注栏一定要如实填写：

（1）提供货物运输服务的纳税人，开具增值税发票时要在备注栏中写明起运地、到达地、车种车号以及运输货物信息等内容，如内容比较多可另附清单；

（2）提供建筑服务的纳税人，自行开具或者税务机关代开增值税发票时，要在发票备注栏中注明建筑服务发生地县（市、区）名称及项目名称；

（3）销售不动产的纳税人，自行开具或者税务机关代开增值税发票时，要在备注栏中注明不动产的详细地址；

（4）出租不动产的纳税人，自行开具或者税务机关代开增值税发票时，要在备注栏中注明不动产的详细地址。

纳税人需要使用中文开具增值税发票，如果是民族自治区可以同时使用当地通用的一种民族文字。开票人开具增值税发票时，要做到按发票号码顺序填开，发票上的项目要根据要求齐全，且内容真实、字迹清楚，要全部联次一次打印，内容要完全一致，开具完成后要在发票联和抵扣联加盖发票专用章。对于不符合规定的发票，受票方有权利拒收。

3.5　怎样开具一张符合规定的增值税普票

增值税普通发票有三个部分需要填写：

（1）购方单位信息区：这部分内容主要填写购方的相关信息；

（2）商品信息区：这部分内容主要是填写相应的货物或者应税劳务、服务名称、产品的规格型号、单位、数量、单价、金额、税率等信息。

（3）其他信息：这部分内容主要填写销售单位信息、发票类别代码、号码、开票日期、密文、备注栏、开票人等信息。

开具增值税普通发票时，我们要先分辨出购买方的性质，如果购买方是公司，或非公司制企业法人、企业分支机构、个人独资企业、合伙企业等，就要求其提供单位名称及纳税人识别号；如果购买方为个人消费者，则不需要提供上述信息。

如果购货方为公司，在开具普票时，要按照实际购货合同和购货清单，在购货单位信息区内填写企业名称和纳税人识别号；再完成商品信息区内容的填写；最后，完成金额核准，普票就开具成功了。如果购货方为个人，则只需要填写消费者姓名，并按照规定选择相应的货物或者应税劳务、服务名称等信息，完成金额核对即可完成发票开具。

下面以税务 UKey 为例，向大家展示开具增值税普通发票的操作流程。

1. 进入发票开具界面

登录税控设备后，直接点击"发票管理"菜单项下的"发票填开管理""增值税普通发票填开"，进入发票开具窗口。

2. 填写信息

开具发票前，应当认真核对发票的种类、代码和号码是否与即将打印的发票一致，若不一致，应当及时查询原因，若一致，则继续进行信息填写。

填写时，首先填写购货单位信息区。该区域的填写可以通过客户编码库选择，也可以直接填写。

以客户编码库方式调用的，直接点击开票软件中的客户名称输入框，进入"客户编码"窗口，选择需要的客户，即可返回主开具界面。以直接填写方式开票的，应当输入客户的名称、税号。

完成上述步骤后,开始填写商品信息区。商品信息应当通过编码选择,数量等其他信息以合同为准直接填写。以上信息填写完毕后,系统会自动计算总金额,开票人需要与合同核对金额是否正确。如果正确,直接点击开票即可（销售单位信息、发票类别代码、号码、开票日期、密文、开票人皆由系统自动生成,无须用户填写）。

3.加盖发票专用章

《中华人民共和国发票管理办法实施细则》第二十八条规定:"单位和个人在开具发票时,必须做到按照号码顺序填开,填写项目齐全,内容真实,字迹清楚,全部联次一次打印,内容完全一致,并在发票联和抵扣联加盖发票专用章。"增值税普通发票的联次中没有抵扣联,因此,在开具发票后,只需要在发票联加盖发票专用章即可。

3.6 怎样开具一张符合规定的增值税专票

最近,小王犯了一个错误。因为粗心,小王没有仔细审核收到的一张增值税专用发票表头部分,结果对方公司将小王公司的全称填写错了,导致这张发票无法正常抵扣,使得公司的增值税缴纳出现了问题。经过这次错误,小王认真学习了发票格式,并仔细盘点了发票填写的重点知识。

增值税专用发票的开具流程跟增值税普通发票的开具流程大致相似,但是,专票的开具要求比普票更高。

增值税专用发票的开具除了需要满足普通发票的开具要求外,还应按下列要求开具:

（1）项目齐全,与实际交易相符;

（2）字迹清楚,不得压线、错格;

（3）发票联和抵扣联加盖发票专用章;

（4）按照增值税纳税义务的发生时间开具。

如果销售方未按照上述要求开具发票，购货方有权直接拒收已经开具的发票。

纳税人在开具增值税专用发票时，要向购货方索取购买方名称、纳税人识别号或统一社会信用代码、地址电话、开户行及账号信息。

专票的开具流程与普票类似，只不过，纳税人需要在税率一栏根据货物或者服务的规格、材质等确定相应的增值税税率，以确保发票金额的正确。

以下以税控盘为例，来说明开具专票的具体流程：

1. 添加商品编码

在开具增值税专用发票前，我们应当进入税控盘填写商品编码，商品编码是纳税人所销售货物或服务的大类，它一般分为货物、劳务、销售服务、无形资产、不动产和未发生销售行为的不征税项目六个大类。纳税人应当根据销售业务的实际情况选择商品编码。商品编码的添加步骤如下：

进入税控盘系统，点击"系统设置""增值税类商品编码"，在"商品编码"项中选择"增加"选项，按照货物或服务信息填写"商品信息"，填写完成后，点击"完成"，再点击"赋码"项，进入"商品和服务税收分类编码"页面，"根据货物和服务信息选择税率"勾选"含税编制"，确认保存。

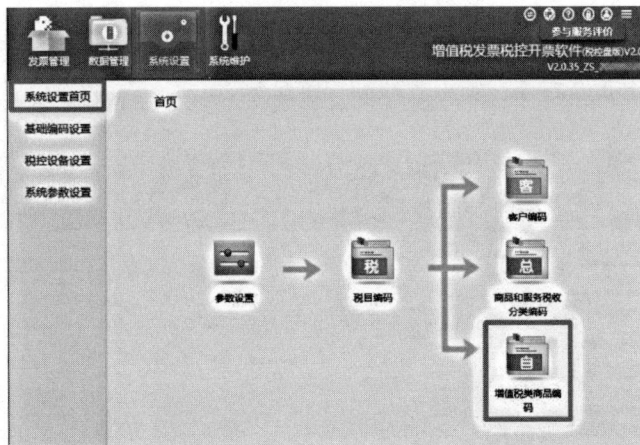

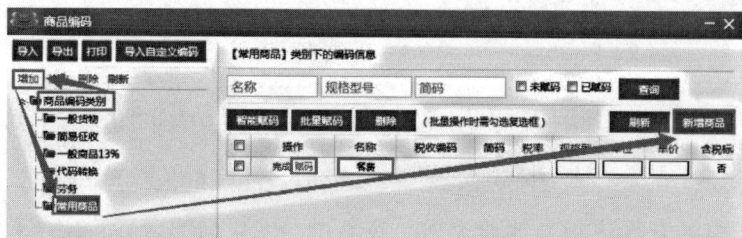

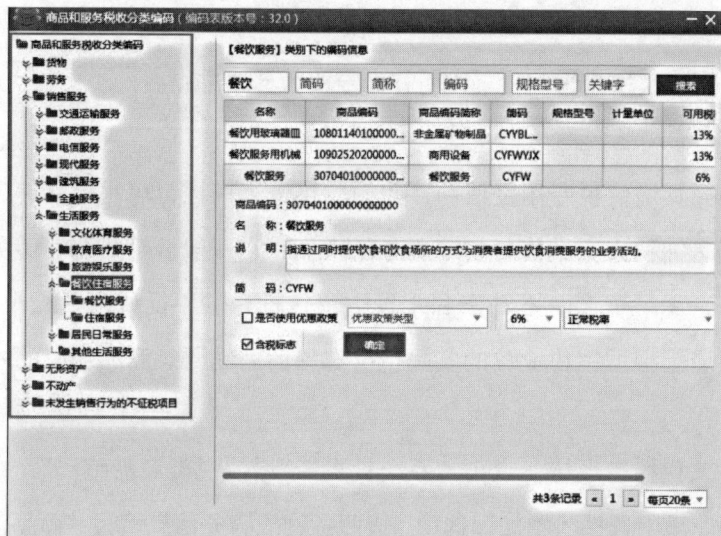

2. 开具发票

正式开具发票时，纳税人应当按照如下步骤操作：

点击"发票管理"，选择"正数发票填开"，进入发票开具页面，选择需要开具的发票类型，填写购货方信息，并点击"货物或应税劳务名称"项目，选择商品名称，确定金额和税款金额，点击"完成"。

3. 加盖发票章

在已经打印好发票的发票联加盖发票专用章。应当注意，盖章的位置应当为发票右下角的"销货单位（章）"处，印章需要加盖完成，如果内容不全，有可能被收票方退回。

3.7 开具增值税专用发票需要注意的事项

增值税纳税人开具增值税专用发票时，还需要注意以下几个问题。

1. 可汇总开具增值税专票

一般纳税人在销售货物、提供加工修理修配劳务和发生应税行为时，可汇总开具增值税专用发票。如果一般纳税人汇总开具增值税专用发票，需要使用增值税发票开票软件开具《销售货物或者提供应税劳务清单》，同时加盖发票专用章。

2. 不得开具增值税专票的情形

一般纳税人开具发票时要记得下列情形是不能开具增值税专票的。

（1）向消费者个人销售货物、提供应税劳务或者发生应税行为的情形。

（2）销售货物、提供应税劳务或者发生应税行为适用增值税免税规定的，不能开具增值税专票，不过法律、法规及国家税务总局另有规定的除外。

（3）部分适用增值税简易征收政策规定的：

①增值税一般纳税人的单采血浆站销售非临床用人体血液选择简易计税的；

②纳税人销售旧货，按简易办法适用 3% 征收率减按 2% 征收增值税的；

③纳税人销售自己使用过的固定资产，按简易办法适用 3% 征收率减按 2% 征收增值税的；不过，如果一般纳税人放弃减税的优惠政策，直接按照简易办法 3% 征收率缴纳增值税款的，该纳税人是可以开具增值税专用发票的。

（4）法律、法规及国家税务总局规定的其他情形。

3. 增值税专票的作废处理

如果纳税人在开具增值税专票的当月就发生销货退回或开票有误等情形，收到退回的发票联、抵扣联，并且符合作废条件的，可以直接作废；如果开票人在开具时就发现有误的，可即时作废。

增值税专票的作废不仅需要将该张纸质专票的全部联次上注明"作废"字样，并留存，还要在开票软件中将相对应的数据电文也按"作废"处理。

想要作废一张增值税专票，需要同时满足以下三个条件，否则不能作废：

（1）销售方在开票当月就收到对方退回的发票联、抵扣联；

（2）销售方还没进行抄税及记账处理；

（3）购买方还没认证，或者认证结果为"纳税人识别号认证不符""增值税专用发票代码、号码认证不符"。

3.8 企业怎样开具电子发票

想要开具电子发票的企业，要先向当地主管税务机关申请电子发票，并办理电子签章，通过税务机关审核后，就具有开具电子发票的权限了。

企业可以通过税控盘或金税盘来开具电子发票，也可以直接通过税务 UKey 开具电子发票。通过税控盘或金税盘开具电子发票，与税务 UKey 开具大同小异，就不再一一介绍，这里以税务 UKey 开具电子普票为例介绍电子发票的开票流程：

电子普票与电子专票上的代码与号码

电子普票的发票代码为 12 位，编码规则：第 1 位为 0，第 2~5 位代表省、自治区、直辖市和计划单列市，第 6~7 位代表年度，第 8~10 位代表批次，第 11~12 位代表票种（11 代表增值税电子普通发票）。发票号码为 8 位，按年度、分批次编制。

电子专 3 票的发票代码为 12 位，编码规则：第 1 位为 0，第 2~5 位代表省、自治区、直辖市和计划单列市，第 6~7 位代表年度，第 8~10 位代表批次，第 11~12 位代表票种（13 代表增值税电子专用发票）。发票号码为 8 位，按年度、分批次编制。

财务主管说

（1）点击计算机桌面已经下载好的"增值税发票开票软件（税务 UKey）"，这个开票软件可以登录国家税务总局全国增值税发票查验平台，点击"相关下载"，找到《增值税发票开票软件（税务 UKey 版）》进行下载。

（2）进入税务 UKey 开票系统，注意税务 UKey 初始密码和税务数字证书的初始密码都是 8 个 8，初次登录时需要修改税务数字证书密码，修改好密码之后点击"系统设置",再点击"系统参数设置",去设置配置版式文件服务器信息。

(3)点击上面的"电子发票配置",弹出电子发票配置项,一定要填写"版式文件服务器地址""版式文件服务器端口",这两项不能空,需要填写的内容可向当地税务机关问询。其他如"邮件发件箱地址"(方便通过邮件交付电子发票版式文件)"发送邮件箱服务器地址""发送邮件服务器端口""邮箱 smtp 授权码"信息可以选择填取。填写完相关信息核实无误后,点击"确认"就可以开票了。

(4)打开软件,点击"发票管理",再点击"发票填开",选择"增值税电子普通发票",然后你就会看到一张普通发票的样式,输入票面相关信息,这个跟开纸质增值税发票一样,核对票号等信息,确认无误后点击"开具",会弹出"开具发票成功"的提示框,这样一张电子普票就开具成功了。

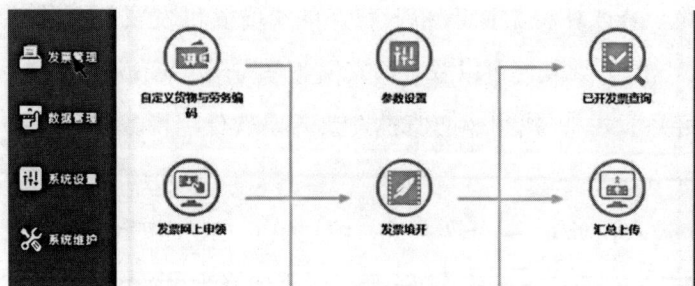

（5）开完的电子发票怎么给对方呢？可以通过"开具发票成功"上的"二维码"或"发送邮件"交付给对方。

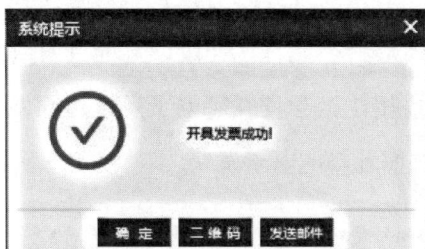

如果点击"二维码"，就会弹出二维码框，扫描二维码会显示一个链接，通过这个链接可以查看或下载已经开具的电子发票；如果点击"发送邮件"按钮，就会出现填写接收文件的邮箱地址，填写完毕后点击"发送"，就可将电子发票版式文件发送至填写的邮箱。收到电子发票的用户，可以从"国家税务总局全国增值税发票查验平台"上的"相关下载"栏目中下载"ofd阅读器"，安装成功后就能查看或下载电子发票版式文件了。当然也可以跟打印机相连，将这张电子发票打印在 A4 纸上。

（6）如果对方将电子发票丢失了，需要开票方重新再发送一份，则可以进入开票系统中的"已开发票查询"，找到那张发票，打开之后双击电子发票的"二维码"或"发送邮件"按钮，就能重新下载和推送了。

（7）电子发票的法律效力、基本用途、基本使用规定等跟纸质发票相同。不过如果受票方需要纸质发票，开票方不得拒绝，应当给对方开具纸质发票，并将之前开具的电子发票做红字处理。

3.9　电子发票开错了怎么办

有一次，主管让小王给一家企业开具一张电子发票，小王开完后才发现自己将对方的纳税人识别号写错了，这怎么办？电子发票能不能作废呢？

纸质增值税发票开错了，还可以作废，但是因为电子发票具有可复制性及无法收回等特点，所以电子发票一旦开具出来就不能作废。如果纳税人开具电子发票后，发现开票有误，或者发生销货退回、应税服务中止、销售折让等情形，不能直接作废，只能开具红字电子发票。不过跟开具红字纸质发票相比，开具红字电子发票更简便，因为开具红字电子发票不需要退回之前开具的电子发票。

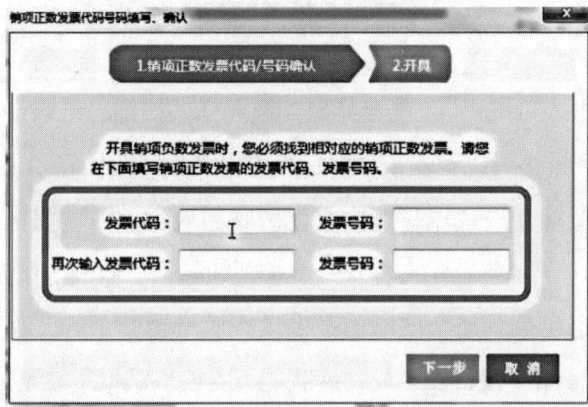

如果需要开具的是红字电子普票，纳税人在登录开票系统后，点击"发票填开"，选择"增值税电子普通发票填开"，等页面弹出发票号码后，点击"确认"进入电子普票填开界面，然后点击上面的"红字"会弹出需要填写发票号码界面，这时输入填开错误发票的代码和号码，确认无误后点击"下一步"。这时会弹出错误发票的内容，仔细核对无误后点击"确定"，就会弹出一张负数发票，点击"保存"，这样之前错误的电子普票就被冲红了。

如果需要开具的是红字电子专票，则需要按照以下三个步骤来操作。

1.填开《开具红字增值税专用发票信息表》（简称《信息表》）

这个《信息表》需要在增值税发票管理系统中填开，至于是由购买方还是销售方填写，主要看这张电子专票是否已经申报抵扣。

（1）由购买方开具《信息表》。如果购买方已将这张电子专票用于申报抵扣，那么就由购买方填写并上传《信息表》。在这种情况下，不需要在《信息表》中填写相对应的蓝字电子专票信息。

（2）由销售方开具《信息表》。如果购买方还没有将这张电子专票用于申报抵扣，那么就由销售方填写并上传《信息表》。在这种情况下，销货方还需要在《信息表》中填写相对应的蓝字电子专票信息。

红字电子专票

如果购买方已将电子专票用于申报抵扣，购买方应当暂依《信息表》所列增值税税额从当期进项税额中转出，待取得销售方开具的红字电子专票后，与《信息表》一并作为记账凭证。为什么要这样做？主要是因为购买方开具《信息表》与销售方开具红字电子专票可能存在一定的时间差。

财务主管说

2. 税务机关信息系统自动校验

税务机关通过网络接收到纳税人填写并上传的《信息表》后，增值税发票管理系统自动校验通过后，会生成一张带有"红字发票信息表编号"的《信息表》。这个信息会同步到纳税人端的系统中。

3. 销售方纳税人开具红字电子专票

销售方在增值税发票管理系统中查询税务机关校验通过的《信息表》后，就可以开具红字电子专票了。注意销货方开具的红字电子专票应该与《信息表》中的信息完全一样。

附件

开具红字增值税专用发票信息表

填开日期：　　年　月　日

销售方	名　称		购买方	名　称		
	纳税人识别号			纳税人识别号		
开具红字专用发票内容	货物（劳务服务）名称	数量	单价	金额	税率	税额
	合计					
说明	一、购买方□ 　对应蓝字专用发票抵扣增值税销项税额情况： 　　1. 已抵扣□ 　　2. 未抵扣□ 　对应蓝字专用发票的代码：＿＿＿＿　号码：＿＿＿＿ 二、销售方□ 　对应蓝字专用发票的代码：＿＿＿＿　号码：＿＿＿＿					
红字专用发票信息表编号						

3.10　纳税人怎样申请代开增值税普票

有时候，有的单位和个人需要开具增值税普通发票时，可以向主管税务机关申请代开。所谓代开发票是指由税务机关，按照法律法规，替那些不能开具发票的收款方（单位或个人）向付款方开具发票或作废代开发票的行为。

哪些单位和个人可以请税务机关给自己代开普通发票呢？

（1）自己不能开具增值税普通发票的单位和个人，如果发生了增值税应税行为，可以向主管税务机关申请代开增值税普通发票；

（2）那些接受了税务机关委托代征税款的保险业、证券业、金融业和旅游业企业，在向代理人或经纪人支付佣金费用后，可以代表代理人或经纪人统一向主管税务机关申请汇总代开增值税普通发票（也可代开增值税专用发票）；

（3）个人委托房屋中介、住房租赁企业等单位出租自己的不动产，如果承租方需要增值税发票，则受托单位可以代表个人向主管税务机关按相关规定申请代开增值税发票；

（4）小规模纳税人在转让其取得的不动产时，如果不能自行开具增值税发票的，可向不动产所在地主管税务机关申请代开；

（5）个人出租不动产，如果承租方需要发票，则个人可向不动产所在地主管税务机关申请代开增值税发票。

纳税人怎样申请代开增值税发票呢？现以黑龙江省为例进行说明。

1. 办理地点

想申请代开增值税发票的纳税人可以通过办税服务大厅、电子税务局、自助办税终端以及邮政委托代开窗口申请代开增值税发票。

2. 提交资料

提 交 资 料

纳税人申请代开增值税普票除了需要提交《代开增值税发票缴纳税款申报单》外，还需提供以下资料：

1. 自然人申请代开发票，提交身份证原件及复印件；

2. 已办理税务登记的纳税人申请代开发票，需提交加载统一社会信用代码的营业执照（或税务登记证或组织机构代码证）、经办人身份证原件及复印件；

财务主管说

提 交 资 料

3.纳税人出租不动产，需要提供不动产权属资料原件及复印件；

4.纳税人转让取得的不动产，需要提供不动产合同、协议或者税务机关认可的其他资料原件及复印件。

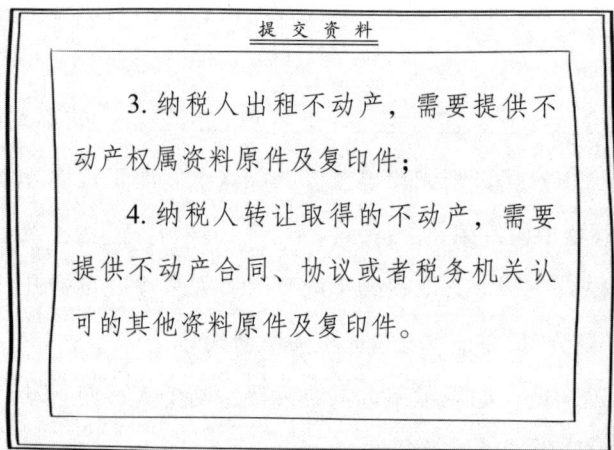

不过有些省份，比如，黑龙江现在已经不用再填写提交《代开增值税发票缴纳税款申报单》，纳税人可直接在电子税务局上填写。如果你是已经经过实名信息验证的办税人员，还可以不用提供登记证件和身份证复印件等资料。不过每个地方的具体要求可能会有所不同，具体办理时还以当地税务机关的规定为准。

代开增值税发票缴纳税款申报单（样表）

代开人声明：
本次缴纳税款申报单提供的开票信息真实、完整、准确，符合有关法律、法规。
现申请代开增值税专用发票☑增值税普通发票□。

代开人（签章）：　　　年 月 日

购买方信息	名称		纳税人识别号	
	地址		开户银行	
	电话		银行账号	
销售方信息	名称		纳税人识别号	
	地址		开户银行	
	电话		银行账号	
代开人类型		自然人□　　其他纳税人□		
减免税标识（代开普通发票，符合条件填写）		是□　　　　否□		
减免税种		减免税类型		减免原因
……				

货物或应税劳务、服务名称	规格型号（服务类型）	计量单位	数量	单价	不含税销售额	征收率	税额
……							
价税合计（大写）				价税合计（小写）			
减免税（费）额							
应补税额							
备注							
是否为异地代开	是□ 否□						
受理税务机关	税务机关税款征收岗位 税收完税凭证号： （签字）　　年 月 日						
	税务机关代开发票岗位 发票代码： 发票号码： （签字）　　年 月 日						
经办人	经核对，所开发票与申报单内容一致。 经办人（签字）： 年　月　日						

3. 填写要求

发票中的"单价""金额"均是不含增值税税额的单价和销售额；"销货方名称"是代开税务机关的名称；"销货方纳税人识别号"是代开税务机关的统一代码；"销售方开户行及账号"需填写税收完税凭证字轨及号码或系统税票号码（免税代开增值税普通发票可不填写）；税务机关需要在其代开的增值税普票以及为其他个人代开增值税专用发票的备注栏上加盖税务机关代开发票专用章。

4. 缴纳税费

如果需要纳税人缴纳税费，纳税人可以使用 POS 机刷卡、银税三方划缴协议、云闪付、支付宝、微信等多种方式缴纳。

5. 领取发票

纳税人如果是在办税服务大厅办理的，那就在服务窗口领取发票；如果是通过自助办税终端办理的，那就直接在终端打印。

对于代开的增值税发票，如果满足作废条件，纳税人可向原税务机关提出作废申请；如果不满足作废条件，原税务机关可通过开具红字发票处理；如果纳税人需要退回已经征收的税款，则可向原税务机关申请退税。

代开增值税普通发票，需要在备注栏里注明纳税人名称和纳税人识别号，不过如果购买方满足以下几种条件之一则不需要填写纳税人识别号：

（1）自然人；

（2）我国在境外设立的组织机构；

（3）非常设组织机构；

（4）组织机构的内设机构；

（5）军队、武警部队的序列单位等。

此外，申请代开增值税普通发票，如果经营额没有达到每次（日）500元的，不征增值税。

3.11　纳税人怎样申请代开增值税专票

2019年，国家税务总局发布《关于增值税发票管理等有关事项的公告》，公告规定，自2020年2月1日起，所有小规模纳税人（其他个人除外）都可以通过增值税发票管理系统自行开具增值税专票。这意味着小规模纳税人如果想要开具增值税专票可以不用再去税务局了，自己通过增值税发票管理系统就可以开具专票了。

不过需要说明的是，自愿选择自行开具增值税专票的小规模纳税人，税务局以后不会再为其代开专票了，就是销售不动产需要开具的专票，也需要自行开具。自行开具专票的小规模纳税纳税人可以参考前面的"怎么开具一张符合规定的增值税专票"进行开具，这里主要讲解纳税人怎么申请主管税务机关代开增值税专票。

一般而言，哪些纳税人可以到税务机关申请代开增值税专票呢？

（1）对于已办理税务登记的小规模纳税人（包括个体经营者）以及国家税务总局确定的其他可以代开增值税专用发票的纳税人，如果发生增值税应税行为，需要开具增值税专用发票时，可向主管税务机关申请代开。

（2）那些接受了税务机关委托代征税款的保险业、证券业、信用卡业和旅游业企业，在向代理人或经纪人支付佣金费用后，可以代表代理人或经纪人统一向主管税务机关申请汇总代开增值税专用发票（增值税普通发票）。

（3）如果是其他个人委托房屋中介、住房租赁企业等单位出租不动产，需要向承租方开具增值税发票的，其受托单位可以代其向主管税务机关按规定申请代开增值税发票。

（4）中国境内提供公路货物运输和内河货物运输且具备相关运输资格并已纳入税收管理的小规模纳税人，将营运资质和营运机动车、船舶信息向主管税务机关进行备案后，可在税务登记地、货物起运地、货物到达地或运输业务承揽地（含互联网物流平台所在地）中的任何一地，就近向税务机关申请代开增值税专用发票。

（5）如果小规模纳税人跨县（市、区）提供建筑服务，不能自行开具增值税发票的，可向建筑服务发生地主管税务机关按照其取得的全部价款和价外费用申请代开增值税发票。

（6）对于小规模纳税人转让其取得的不动产，不能自行开具增值税发票的，可向不动产所在地主管税务机关申请代开专票。如果纳税人是向其他个人转让其取得的不动产，则不能开具或申请代开增值税专用发票。

（7）如果小规模纳税人中的单位和个体工商户出租不动产，不能自行开具增值税发票的，可向不动产所在地主管税务机关申请代开增值税发票；不过向其他个人出租不动产的，不得开具或申请代开增值税专用发票。

（8）其他个人销售其取得的不动产和出租不动产，如果购买方或承租方不属于其他个人的，则纳税人缴纳增值税等税费后可以向不动产所在地主管税务机关申请代开增值税专用发票。

纳税人向主管税务机关申请代开增值税专用发票，可以去当地办税服务大厅办理，也可以通过电子税务局办理。纳税人可以通过电子税务局提交代开专票的预申请，经过税务端审核确认后，在自助办税终端开具专票。现以贵州省为例说明代开增值税专用发票的办理流程。

1. 纳税人预申请

需要申请代开增值税发票的纳税人登录当地电子税务局，选择"我要办税"中的"发票使用—发票代开"项目下的"增值税专用发票代开"选项，点击"新增"，进入代开申请界面。按照上面的选项填写申请内容，填写内容跟上一节的《代开增值税发票缴纳税款申报单》内容类似，其中带"*"的必须填写，还有开户行要记得填写全称。申请人应当根据自身情况如实填写。

将带"*"号的空格都填写完毕，检查无误后，点击"保存"，再点击"提交"，等待税务机关的审核。

纳税人可通过电子税务局查看自己开票申请的进度，当看到税务审核完成后，可前往专票自助终端办理。

2. 前往自助终端开具专票

纳税人带着身份证、银行卡前往专票自助终端，选择"发票代开—专票代开—身份证登录"，将二代身份证放在感应区，进行办税人员实名认证，选择需要代开的专票，核对无误后点击"下一步"，然后插入银行卡进行刷卡缴税。纳税人缴完税后，保存发票并将其开具打印，从出票口领取需要开具的专票。

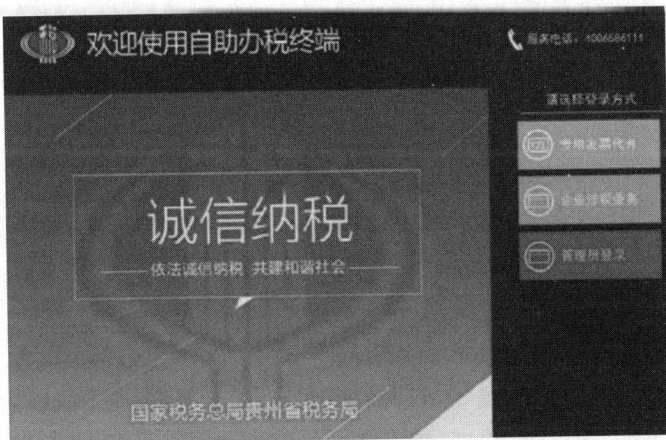

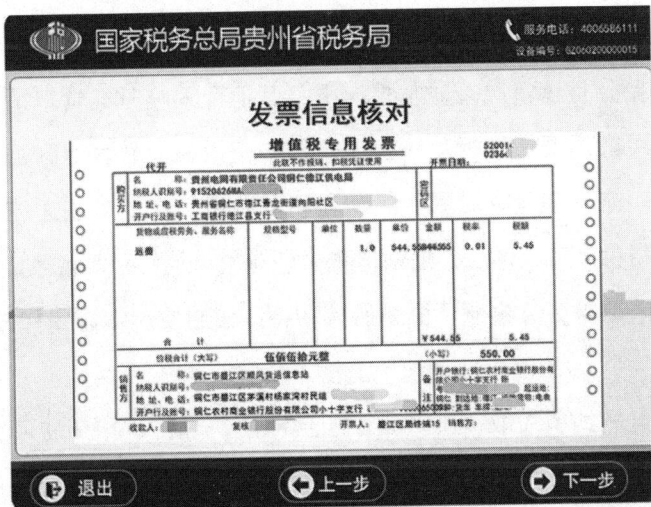

注意，如果是增值税纳税人代开增值税专票，应该在专票的备注栏上加盖单位发票专用章（如果是为个人代开则不用）。

3.12 代开发票常见问题答疑

虽然前面就增值税普票和专票的代开做了专门的讲解，但是还有一些问题没有涉及，这里再补充一下。

1. 前面说了小规模纳税人或自然人可以去税务机关代开增值税专票，那么一般纳税人也能代开增值税专票吗？

答：不能。

2. 没有增值税专票票种认定信息的小规模纳税人能申请代开增值税专票吗？

答：只要小规模纳税人（包括个体工商户）已经办理了税务登记，不管是否有增值税专票认定信息，其发生的增值税应税行为，都可以申请代开增值税专用发票。此外，国家税务总局确定的其他可予以代开增值税专用发票的纳税人，也享受代开增值税专票的权利。

3. 在税务机关代开发票需要缴税吗？如果需要缴税，那么需要缴纳哪些税呢？

答：如果代开的是增值税专票是需要缴税的，如果代开的增值税普票，缴不缴税要分具体情况。通常情况下，其他个人临时经营申请代开增值税发票，可能需要缴纳增值税、城市维护建设税、教育费附加、地方教育附加费、水利建设基金和个人所得税等税费，有的可能还需要征收城镇土地使用税、房产税、土地增值税、印花税、消费税等税款。

4. 个人取得劳务报酬、稿酬所得和特许使用费所得需要代开发票时，会不会征收个人所得税？

答：自然纳税人取得劳务报酬、稿酬所得和特许使用费所得需要代开发票的，在代开发票阶段是不征收个人所得税的，其个人所得税将按照相关规定预扣预缴（或代扣代缴）和办理全员全额扣缴申报。不过代开发票单位会在发票备注栏内统一注明"个人所得税由支付人依法扣缴"字样。

5. 代开增值税发票税款的征收率是多少？

答：根据相关规定，代开增值税发票的征收率一般是 3%；如果代开的是不动产（含房地产，住房）的销售、出租的话，其征收率是 5%；如果是个人出租住房，虽然按 5% 的征收率但减按 1.5% 计算。

6. 纳税人通过电子税务局申请办理发票代开业务并缴纳相应税款的，

应该什么时候取票呢？

答：如果纳税人申请代开发票并扣款成功，应当带着有效证件在当季（如果纳税期限是月度的，应该在当月）去办税服务大厅自助办税终端领取发票。

7.纳税人通过电子税务局申请代开增值税专票的，线下领取发票有金额限制吗？

答：纳税人通过电子税务局申请代开增值税专票，如果单笔开票不含税金额没有超过100万元，则纳税人可到办税服务大厅自助办税终端领取发票；如果单笔开票金额超过100万元，纳税人可选择分开开具或去办税服务大厅找相关人员人工打印发票。

8.代开发票需要作废或红冲，应该如何办理？

答：如果代开的发票需要作废或红冲，纳税人应前往开具发票的办税服务大厅办理。如果涉及退税，纳税人需要找主管税务机关办理。

3.13 增值税发票开具错误怎么办

有一次，小王根据订单和合同，在开票系统给M公司开具了一张增值税专用发票。开完票后，小王将发票抵扣联和发票联邮寄给了M公司。结果M公司收到发票后，告诉小王发票开错了，M公司营业执照上的名称为"M有限责任公司"，而小王发票上写的是"M有限公司"。面对这种情况，小王应该怎么办呢？

一般情况下，发票（注意这里的发票包括增值税普票和增值税专票，不包括电子发票和代开发票）开具错误有两个选择，一个是直接作废，另一个就是开具红字发票。下面对增值税专票和增值税普票分别介绍。

1.增值税专用发票开具错误

（1）直接作废

相对来说，直接作废处理起来更加便捷，但开具错误的发票不是你想作废就能作废的，它需要满足一定的条件。增值税纳税人在开具增值税专用发票当月，如果发生销货退回、开票有误等情形，收到退回的发票联、抵扣联符合作废条件的，才能按作废处理；如果开具时就发现有错误，则可即时作废。这里的符合作废条件是指要同时具有以下情形：

①收到退回的发票联、抵扣联时间未超过销售方开票当月；

②销售方未抄税并且未记账；

③购买方未认证或者认证结果为"纳税人识别号认证不符""专用发票代码、号码认证不符"。

注意：作废专用发票还必须在防伪税控系统中将相应的数据电文按"作废"处理，并且还要在纸质专用发票（含未打印的专用发票）各联次上注明"作废"字样，此外作废的全联次留存备查，不能丢弃。

（2）开具红字发票

如果增值税纳税人开具增值税专用发票后，发生销货退回、开票有误、应税服务中止等情形，但不符合发票作废条件的，则需开具红字发票；另外有时发生销货部分退回或发生销售折让，也需开具红字增值税专用发票。

开具红字发票是没有时间限制的，只要符合开具红字发票条件的都可开具。纳税人开具红字增值税专用发票的流程有三步：

第一步，填开《开具红字增值税专用发票信息表》（简称《信息表》）

《信息表》填报

不是所有开具红字发票的都需要先填写《信息表》，现在开具增值税普通发票、增值税电子普通发票和机动车销售统一发票的红字发票就不需要填写《信息表》，可以直接在开票系统中开具红字发票。

财务主管说

《信息表》由购买方填写还是销售方填写，主要看发票联和抵扣联在哪一方，在哪一方就由哪一方负责填写，具体情况如下表：

《信息表》填写方	所做的事情	具体解决办法
购买方	购买方取得专用发票已用于申报抵扣	购买方填开并上传《信息表》，在填开《信息表》时不填写相对应的蓝字专用发票信息，此外还要根据《信息表》中所列税额从当期进项税额中转出，等取得红字专用发票后，与《信息表》一并作为记账凭证
	购买方取得专用发票未用于申报抵扣、但发票联或抵扣联无法退回	购买方填开《信息表》，并填写相对应的蓝字专用发票信息
销售方	销售方开具专用发票尚未交付购买方	销售方填开并上传《信息表》，并填写相对应的蓝字专用发票信息
	购买方还没进行申报抵扣并将发票联及抵扣联退回给销售方	

第二步，接收校验通过《信息表》

主管税务机关接收到纳税人填写并上传的《信息表》后，增值税发票管理系统会自动校验，通过后会生成一张带有"红字发票信息表编号"的《信息表》，这个信息会同步到纳税人端的系统中。

第三步，销售方开具红字发票

销售方在增值税发票管理系统中查询到税务机关校验通过的《信息表》后，就可以开具红字增值税专票了。注意销货方开具的红字增值税专票应该与《信息表》中的信息一一对应。

2. 增值税普通发票开具错误

（1）直接作废

增值税纳税人开具增值税普通发票后，如果发生销货退回、开票有误、应税服务中止等情形，符合作废条件的可直接作废，如果开具时就发现有误的，可即时作废。这里的作废条件是：

①收到退回的发票联，且时间未超过销售方开票当月；

②销售方未抄税并且未记账。

注意：增值税普通发票的作废也需要在防伪税控系统中将相关数据电

文按"作废"处理，并且还要在作废纸质发票（含未打印的发票）的各联次上注明"作废"字样，且全联次留存。

（2）开具红字发票

如果不符合发票作废条件，或者因销货部分退回及发生销售折让，则需要开具红字发票，开具红字增值税普通发票不需要填开《信息表》，但必须收回原发票并注明"作废"字样，如果无法收回原发票，则应取得对方的有效证明。

此外，纳税人开具红字增值税普通发票时，可在所对应的蓝字发票金额范围内开具多份红字发票。因此，如果发生货物部分退回或销售折让，可不收回原发票仅开具部分红字发票，但是需要取得对方的有效证明。

3.14 怎样作废开具错误的发票

前面讲过增值税专用发票开错有直接作废或开具红字发票两种处理方法，这里以具体案例详细介绍怎么作废发票。

2020 年 5 月 8 日，A 公司根据订单和合同需求，在金税盘系统中向 M 公司开具了一张增值税专用发票。开具完毕后，A 公司将该发票抵扣联和发票联邮寄给了 M 公司（增值税专用发票联次如下图）。

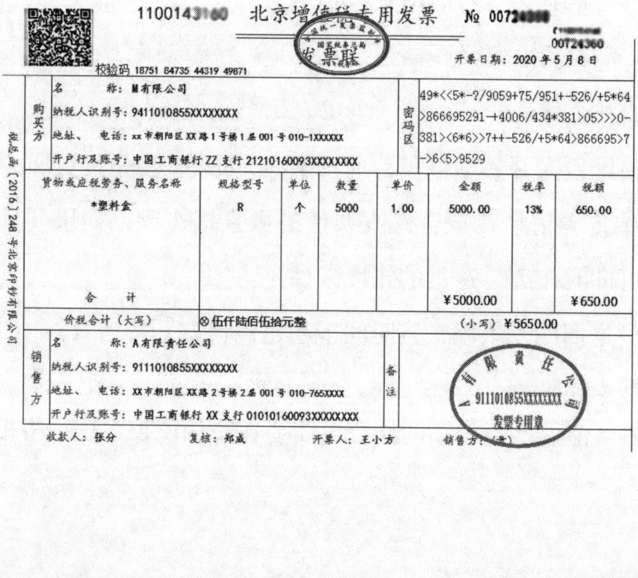

2020 年 5 月 11 日，M 公司说该增值税发票中的"M 有限公司"并非其公司营业执照全称，其营业执照上的名称是"M 有限责任公司"，M 公司还表示因为发票票面信息错误，该发票未通过税务部门的审核。

那么面对此种情况，A 公司应该怎么处理呢？

对于开具错误的发票，A 公司应该先联系对方企业，让其将发票的抵扣联和发票联退回。如果 A 企业在开票当月就将开错发票的抵扣联和发票联及时收回，并且确认该错开发票没认证、没抵扣、没抄税、也没记账，则 A 公司可以在发票管理系统中直接将其作废，并且在开错发票的每一联次上加盖"作废"字样。

现以金税盘为例，具体说明满足发票作废条件时，企业财务人员是怎样在发票管理系统中进行发票作废的：

（1）点击开票系统中的"发票管理"项目下的"已开发票作废"项；

（2）点击"查询"，系统弹出本月已经开具发票，双击需要作废发票号码或者点击查看明细进行发票信息核对，确认为需作废发票后，点击"作废"按钮，完成发票作废。

（3）将已作废发票整理归档，妥善保管。

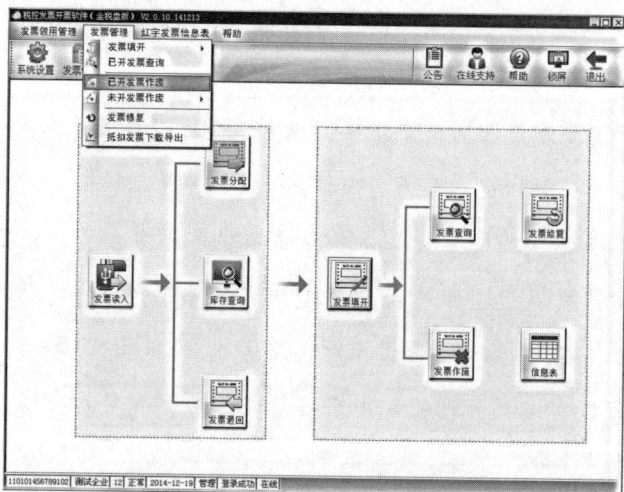

做完这些后，财务人员再重新给对方开具一张正确的发票。

3.15 怎样开具红字发票

如果发票开具错误，但是不符合作废条件，或者因销货部分退回及发生销售折让的，都需要开具红字发票，做红冲处理后再根据合同开具正确的蓝字发票。

在"增值税发票开具错误怎么办"那一节，我们已经讲解了开具红字发票的流程，如果是增值税专票开具错误，还需要填写《信息表》。《信息表》到底是由销售方还是购买方填写,主要看发票联和抵扣联在哪一方,在哪一方就由哪一方负责填写《信息表》。

销售方或购买方根据实际情况在增值税发票综合管理服务平台中填写并报送《信息表》,经主管税务局审批后,销售方才可以开具红字发票,然后才能开具正确的蓝字发票。

开具红字增值税专用发票信息表（样表）

填开日期： 年 月 日

销售方	名　称		购买方	名　称		
	纳税人识别号			纳税人识别号		
开具红字专用发票内容	货物（劳务服务）名称	数量	单价	金额	税率	税额
	合计	—	—		—	
说明	一、购买方□ 对应蓝字专用发票抵扣增值税销项税额情况： 1. 已抵扣□ 2. 未抵扣□ 对应蓝字专用发票的代码： 号码：_____ 二、销售方□ 对应蓝字专用发票的代码： 号码：_____					
红字专用发票信息表编号						

不管是哪一方填写《信息表》,其操作步骤都是类似的,现以金税盘为例具体说明开具红字发票的操作步骤:

（1）进入金税盘开票系统,在"发票管理—红字发票信息表—红字增值税专用发票信息表填开"菜单;

（2）纳税人按购买方还是销售方选择自己的信息表格式,然后根据蓝字发票的相应信息填写表格;

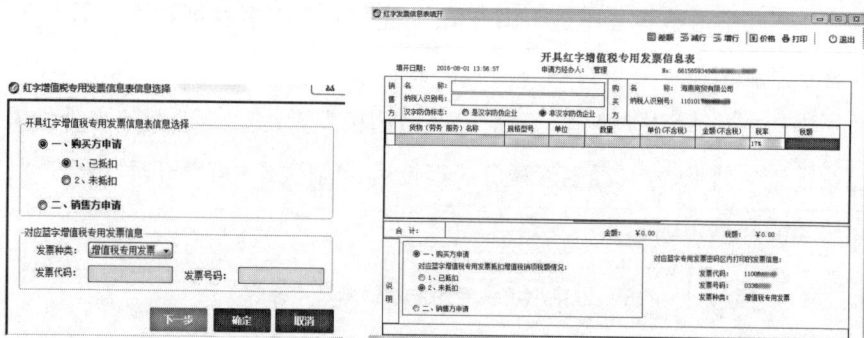

（3）相关信息填写完毕后，纳税人应当将该表联网上传至主管税务机关，等待主管税务机关的审核；

（4）当销售方查询到税务机关审核通过《信息表》后，就可开具红字增值税专用发票了。销售方填开红字增值税专用发票时，可以直接下载电子版的信息表，再通过"发票管理—发票填开—增值税专用发票填开—红字"中选择"导入红字发票信息表"，自动开具红字发票。

（5）销售方开完红字发票后，就可再开具正确的蓝字发票了。

3.16 红字发票开错怎么办

为了纠正那张错开的发票，小王填写完《开具红字增值税专用发票信息表》后，开具了一张红字发票，结果没想到小王不小心又开错了这张红字发票。小王不好意思去问主管，只能自己想办法解决。

如果不小心将红字发票开具错误，可以按照以下步骤进行处理：

首先看一下到底是《信息表》填写错误，还是红字发票开错了，不同的情况将采用不同的处理方式。

1.《信息表》填写错误

这种情况又分以下几种情况：

（1）《信息表》还未上传到税务局，可以直接在开票系统中作废，然后重新填写正确的《信息表》即可；

（2）《信息表》上传成功后发现错误，纳税人自己不能修改或撤销。如果纳税人还没开具红字发票，则可以到办税服务大厅办理《信息表》的撤销；如果纳税人已经开具了红字发票，那么《信息表》是不能直接撤销的，需要纳税人将已经开具的红字发票作废上传后，再撤销《信息表》；如果红字发票已经跨月，不能作废，那么需要跟当地税务机关说明情况，请税务机关处理。

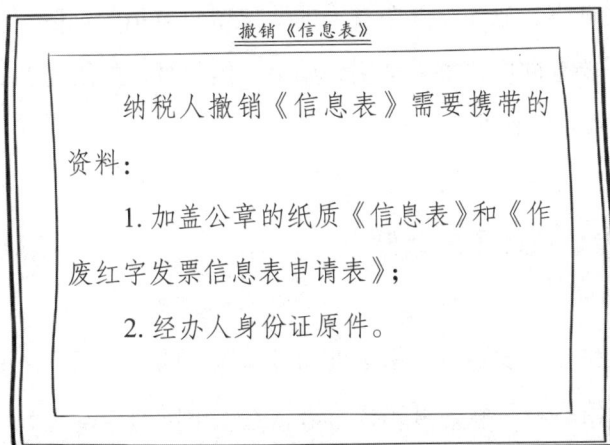

财务主管说

撤销《信息表》

纳税人撤销《信息表》需要携带的资料：

1. 加盖公章的纸质《信息表》和《作废红字发票信息表申请表》；

2. 经办人身份证原件。

因为新冠肺炎疫情影响，开票系统增加了线上撤销功能，纳税人可线上撤销已经上传开错的《信息表》。不过，开票系统中一次只能撤销一条信息表，并且只有上传并通过审核的《信息表》才能撤销，没有信息编号的《信息表》也是不能线上撤销的。具体办法财务人员应以当地税务局的公告为主。

如果纳税人《信息表》填写错误，但是红字发票却开具正确，这样红字发票与《信息表》就不对应，这时税务端系统会提示核销不通过，纳税人将无法正常申报。遇到这种情况的纳税人需要到税务机关，让他们将填写错误的《信息表》修正，并将错误的《信息表》编号修正为正确的编号，修正以后纳税人就能正常申报了。

2.红字发票开错

红字发票开具错误不能再申请红字发票，这时处理办法分以下两种：

（1）发现红字发票开错当月，可直接作废重开，之前的《信息表》可继续使用；

（2）跨月才发现红字发票开具错误，则不能再作废处理。这时需要向当地税务机关说明情况，请税务机关提出处理意见。

注意：红字发票不是随意开具的，如果不满足红字发票开具条件随意乱开红字发票，将会受到税务机关的处罚。另外，开具红字发票的纳税人需要保留好相关证据，比如，开票有误的要保留对方拒收证明，如果是服务中止的则需要合同中止书面证明，如果是销售折让的则需有折让协议等，以免被抽查到受到处罚。

3.17 红字发票认证了怎么办

因为红字增值税专用发票不是用来抵扣进项税额的，所以不需要认证。购买方提交《信息表》后，可先将《信息表》中所列增值税税额从当期进项税额中转出，等到取得销货方开具的红字专用发票之后，再跟《信息表》一起作为记账凭证。

虽然红字发票不需要认证，但是有时可能一不小心就将红字发票认证了。一旦红字发票通过认证，其信息就会进入一窗式比对。这个一窗式比对有个特殊的规定，如果进项税填写部分的数据大于认证的数据，就无法通过，也就无法申报。这是什么意思呢？

比如，纳税人当月进项税额本来是 11 万元，那么进项税额填写部分的数据也应该是 11 万元，这样就能顺利通过，也能顺利申报。但是，现在财务人员不小心将一张税额为 –1 万元的红字发票认证了，这时想要顺利通过，就应该将红字发票的税款减去，进项税填写就要写 10 万元（11–1）。但是如果这样填写了，进项税额转出不填写，由于现在申报系统会对比税控系统是否有红字发票信息申请单，如果有则进项税额不得空，否则就无法申报。如果不减去红字发票的税款，直接在进项税填写 11 万元，11 万元大于 10 万元，还是无法通过的。

一旦纳税人错误地将红字发票认证后，就直接去办税服务大厅进行手工申报，让税务机关采取强制通过的方式申报清卡。不过，如果企业选择了勾选认证，则那些异常发票，如作废、红字等发票就自动不能进行勾选操作了，也就避免了这样的错误。

3.18 如何申请开具通行费电子票据

最近主管交给小王一项任务，让小王学习怎么申请开具通行费电子票据，因为公司车辆最近频繁去外地，如果开通了电子票据会比较方便。

通行费电子票据的开具流程如下（以票根网为例具体说明）：

通行费电子票据开具流程

1. 在通行费电子票据服务平台（www.txffp.com）或"票根"App 上注册账户；

2. 绑定客户 ETC 卡；

3. 开具票据和汇总单。选择需要开具票据的充值或通行交易记录，申请生成通行费电子发票、通行费财政电子票据和电子汇总单（充值交易无电子汇总单），客户可以查询、预览、下载或转发。

财务主管说

1. 在服务平台注册账户

客户登录通行费电子票据服务平台网站（www.txffp.com）或"票根"App，凭手机号码、手机验证码免费注册账户，注册时根据要求填写购买方信息。如果客户需要变更购买方的信息，应在发生充值或通行交易之前，这样才能确保开票信息的真实性和准确性。

2. 绑定客户 ETC 卡

客户注册成功后，就可以直接登录通行费电子票据服务平台网站或"票根"App，填写办理 ETC 卡时预留的信息，比如，开户人名称、证件类型、证件号码、手机号码等，验证后就完成了 ETC 卡的绑定。

（1）登录票根官网，绑定 ETC 卡，如果是个人就选定个人卡，如果是单位就选定单位卡。

（2）点击菜单栏的"发票抬头"项目，根据纳税人类型填写发票抬头、纳税人识别号、单位地址、单位电话、开户银行和银行账户等信息。其中，发票抬头和纳税人识别号为必填项目。

（3）选择需要开票的个人卡或者单位卡，输入车牌号、ETC 卡号、用户卡卡号或者发行方的名称，完成绑定和相关信息的填写。

3. 开具通行费票据或汇总单

客户如果需要开具通行费或汇总单，首先要登录服务平台，然后选择要开票的充值或通行记录，申请要开具的发票类型，是生成通行费电子发票、通行费财政电子票据，还是电子汇总单。提交这个申请后，平台会对客户的申请进行审核，审核通过后，系统就会自动将通行费电子票据发送至指定邮箱，供客户使用。客户通过该平台免费获得通行费电子发票，通行费财政电子票据，电子汇总单的查询、预览、下载、转发等服务。

3.19　代开发票开具错误怎么办

纳税人代开发票后，在发生销货退回或销售折让、开票有误、应税服务中止等情形时，如果满足发票作废条件，可在代开发票当月向原代开税务机关提出发票作废申请；如果不满足发票作废条件，则需要通过开具红字发票进行处理。

如果纳税人在代开增值税普票和专票时，就发现开票错误，纳税人将发票所有联次都退还原代开税务机关，则可即时作废，然后重新开具正确的发票。

如果纳税人代开的是增值税普票，但是代开当月就发现发票有误，并且当月就将代开发票的所有联次退还原代开税务机关，则也可以作废，然后重新开具正确的发票即可；如果对方的发票联已经丢失，则不能作废，只能开具红字发票。

纳税人代开的是增值税专用发票，只有同时满足以下三个条件才能作废，否则只能开具红字专用发票：

（1）开票当月收到退回的发票联、抵扣联；

（2）销售方未抄税并且未记账；

（3）购买方未认证或者认证结果为"纳税人识别号认证不符"或"专用发票代码、号码认证不符"。

需要开具红字专票的纳税人按一般纳税人开具红字专用发票的方法先申请开具红字专票，再申请开具正确的蓝字发票。如果纳税人重新申请代开的正确的蓝字增值税发票的税率、征收范围跟之前开错的不同，那么系统就无法提取纳税人已经缴纳的税款，这时纳税人只能重新缴纳足额税款，之前开错发票的税款，可向税务机关申请退回。

对于月销售额未超过15万元（按季45万元）的小规模纳税人，如果因当期代开增值税专用发票而缴纳的税款，在纳税人追回增值税专用发票的全部联次后，或者按规定开具红字专用发票后，可以向主管税务机关申请退还已缴纳的税款。

比如，A公司是小规模纳税人，2021年5月份销售收入10万元，当月因代开增值税专用发票2万元缴纳税款200元，6月份发生退货。A公司应如何处理？

2021年3月，国家税务总局发布了《关于小规模纳税人免征增值税征管问题的公告》（国家税务总局公告2021年第5号），公告第一条规定，小规模纳税人发生增值税应税销售行为，合计月销售额未超过15万元（以1个季度为1个纳税期的，季度销售额未超过45万元）的，免增值税。所以，A公司5月份因代开增值税专用发票已经缴纳的税款200元，在增值税专用发票全部联次追回或者按规定开具红字专用发票后，可以向主管税务机关申请退还。

3.20　发票打歪了还能用吗

有一天，小王收到了一张打印得歪歪扭扭的发票。她找到主管，询问主管这样的发票能收吗？主管一看，这张发票歪得不一般，都窜行了，连金额也看不清了，这样的发票怎么能收呢！小王将发票退回之后，又研究了半天，她生怕自己一不注意也将发票打歪了！

除了电子发票，有时难免会出现将发票打歪的情形，打歪的发票还能不能用呢？

之前，我国增值税发票还没实行网上认证，纳税人需要在线下自行认证，或者前往办税大厅的人工窗口办理，或者前往办税大厅的自助机办理。而这两种线下认证的方法，均需要扫描发票抵扣联或者发票联的密码区（如图所示）。

1100 北京增值税专用发票 № 00

发票联

开票日期：2020 年 5 月 8 日

校验码 18751 84735 44319 49871

购买方	名　　称：有限公司 纳税人识别号：9411010855XXXXXXX 地址、　电话：xx 市朝阳区 XX 路 1 号楼 1 层 001 号 010-1XXXXXX 开户行及账号：中国工商银行 ZZ 支行 21210160093XXXXXXXX	密码区	49*<<5*-7/9059+75/951+-526/+5*64 >866695291-+4006/434*381>05>>>0- 381><6*6>>7++-526/+5*64>866695>7 ->6<5>9529

货物或应税劳务、服务名称	规格型号	单位	数量	单价	金额	税率	税额
*塑料盒	R	个	5000	1.00	5000.00	13%	650.00

税总函〔2016〕248 号北京

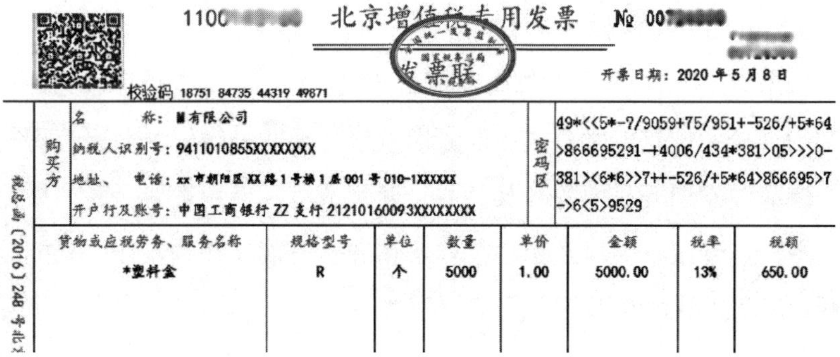

密码区的存在，给发票的开具打印带来了许多限制。财务人员在打印发票时，必须注意调整好发票行次的位置，防止密码区的编码位移至区域外。如果发票打歪，编码位移出密码区，这将让发票无法通过认证，也就不能抵扣，不能使用。所以那时人们在打印发票时会格外小心，生怕出问题。

但是，后来增值税发票管理系统完成了更新，大家不用再线上认证发票了，可以直接在网上勾选认证发票。这样也就不用再扫描密码区，所以发票打印稍微歪一点也不会影响纳税人税款的认证和申报。

虽然现在不用担心发票是否打歪的问题，但也不是说打成什么样的发票都能收取。纳税人在接受发票时，还是要注意，那些不合规范的发票还是不能要。纳税人要观察发票打偏的程度，如果其中主要的信息（比如金额、纳税人信息）都已经模糊，不清晰，这样的发票是不能接收的。在接收发票时，纳税人还要以企业的财务管理制度为判断接受与否的标准，如果财务制度中明确了打偏的发票不能接收，那么我们也只能按照规则办事。

3.21　哪些发票不能作废

前面介绍过电子发票目前是不支持作废操作的，如果发生了销货退回、开票有误、应税服务中止、销售折让等情形，只能开具红字电子发票进行冲减。

除了电子发票，你知道还有两种发票也是不能作废的吗？

1. 成品油专用发票

根据 2018 年国家税务总局发布的《关于成品油消费税征收管理有关问题的公告》规定，所有成品油专用发票均须通过增值税发票管理新系统中成品油发票开具模块开具，并且开具成品油专用发票后，如果发生销货退回、开票有误以及销售折让等情况，不能做作废操作，只能按规定开具红字成品油专用发票。

2. 其他情形

根据 2016 年国家税务总局发布的《关于红字增值税发票开具有关问题的公告》规定：增值税一般纳税人开具增值税专用发票后，如果发生了销货退回、开票有误、应税服务中止等情形但不符合发票作废条件，或者因销货部分退回及发生销售折让，需要开具红字专用发票。

符合自开增值税专用发票的作废条件：

（1）收到退回的发票联、抵扣联时间未超过销售方开票当月；

（2）销售方未抄税并且未记账；

（3）购买方未认证或者认证结果为"纳税人识别号认证不符""专用

发票代码、号码认证不符"。

另外，小规模纳税人代开专用发票遇有销货退回、销售折让及发票填开错误等情形的，能不能作废跟上面自开增值税专用发票的处理是一样的。如果纳税人当月没有收回代开专用发票抵扣联及发票联，或虽已收回专用发票抵扣联及发票联但购货方已抄税，或已记账，或购货方已将专用发票抵扣联报送至税务机关认证的情况下，都是不能作废的，但可以开具红字发票。还有增值税普通发票跨月也是不能作废的，可以开具红字发票冲减。

大家工作过程中要记住这些不能作废的发票，以免给企业带来不必要的风险。

3.22　商业折扣怎样开票

商业折扣也叫折扣销售，是指销售方为了促进商品销售而给与购货方一定的价格优惠，其实就是我们日常所说的"打折"活动。商业折扣本质上是一种促销方式。国家税务总局发布的《关于确认企业所得税收入若干问题的通知》中规定，企业为促进商品销售而在商品价格上给予的价格扣除属于商业折扣，商品销售涉及商业折扣的，应当按照扣除商业折扣后的金额确定销售商品收入金额。

《增值税若干具体问题的规定》中规定：纳税人采取折扣方式销售货物，如果销售额和折扣额在同一张发票上分别注明的，可按折扣后的销售额征收增值税；如果将折扣额另开发票，不论其在财务上如何处理，均不得从销售额中减除折扣额。

这段话的意思就是，纳税人如果想要以打折后的金额去计算增值税，就要把销售额和折扣金额开在同一张发票上，并分别注明销售额是多少，折扣金额是多少。

这些金额怎么注明？国家税务总局发布了《关于折扣额抵减增值税应税销售额问题通知》。通知中说明纳税人采取折扣方式销售货物，销售额和折扣额在同一张发票上分别注明是指开票方要将销售额和折扣额开在同一张发票上的"金额"栏，并分别注明，如果是这样开的发票则可按折扣后的销售额征收增值税。如果不是这样开具，只在发票的"备注"栏注明折扣额的，其折扣额不能从销售额中减除。

2020 年 5 月，同为一般纳税人的 A 公司跟 T 公司签订了一份销售合同，合同约定由 A 公司向 T 公司提供 10 000 件便携塑料水杯，因为数量较大 A 公司给予了 T 公司 10% 的商业折扣，合同约定的便携塑料水杯不含税单价为 40 元，增值税税率为 13%，则 A 公司应该怎样正确开具这张发票呢？

因为 A 公司与 T 公司签订的销售合同中规定的商业折扣是 10%，所以 A 公司实际销售额应该是 10 000×40×（1-10%）=360 000 元。如果 A 公司想按折扣后的销售额缴纳增值税，那就应该把销售额 10 000×40=400 000 元和折扣额 10 000×40×10%=40 000 元开在同一张发票的"金额"栏，并分别注明。这样的话，A 公司只要缴纳 360 000×13%=46 800 元的增值税，否则 A 企业就要缴纳 400 000×13%=52 000 元的增值税。你看，商业折扣如果开票不正确将会让企业多缴税款。

开票时，应该在发票第一行的"金额"栏填上"400 000"，"税额"栏填上"52 000"；在发票第二行的"金额"栏填上"-40 000"，"税额"栏填上"-5 200"。

账务处理是：

借：应收账款——T 公司　　　　　　　　　　406 800
　贷：主营业务收入　　　　　　　　　　　360 000
　　　应交税费——应交增值税——销项税额　46 800

怎样才能开具符合上述规定的发票呢？现以金税盘系统为例，向大家演示商业折扣发票的开具步骤：

（1）点击开票软件当中的"发票开具"项目，选择正确号码的发票，填写销售方、购货方等信息。

（2）按照合同内容填写未发生折扣前的销售金额、税率和税额。

（3）点击菜单栏位的"折扣"按键，输入折扣行数（同一张发票上有多种商品时，我们可以通过选择折扣的行数来控制折扣的商品项目）、折扣比率或者折扣金额等信息，确认折扣数据。

（4）以上数据填写完毕后，开票员应当再次检查折扣数据是否与合同、订单等金额一致，如一致，则可申请复核人员复核，进行发票的打印。

最终商业折扣发票的格式如下：

3.23 销售折让怎样开票

销售折让，是指企业销售商品或提供应税服务销售后，因售出的商品质量或提供的应税服务不符合要求等原因，从而在售价上给予一定的减让。因为销售折让会让原销售总额减少，所以销售折让应该冲减当期销售额和销售税额。

国家税务总局发布的《关于确认企业所得税收入若干问题的通知》中规定：企业因售出商品的质量不合格等原因而在售价上给的减让属于销售折让；企业因售出商品质量、品种不符合要求等原因而发生的退货属于销售退回。企业已经确认销售收入的售出商品发生销售折让和销售退回，应当在发生当期冲减当期销售商品收入。

这段话的意思就是，纳税人如果开具增值税专用发票后，发生了销售折让，应该按照国家税务总局相关规定开具红字增值税专用发票（前面已经讲解过），可冲减当期销售额及销售税额，如没有按照相关规定开具红字发票，则不得冲减销售额及销售税额。现以具体案例来说明销售折让的财务处理流程。

2021 年 3 月 1 日，A 公司与 Q 公司完成了一笔销售。根据合同约定，A 公司将仓库的 5 000 个塑料盒，以 1 元 / 个卖给了 Q 公司，A 公司在开票系统中给 Q 公司开具了增值税专用发票（尚未交付给 Q 公司），Q 公司当天支付了货款。

A 公司账务处理是：

借：银行存款 5 650

　　贷：主营业务收入 5 000

　　　　应交税费——应交增值税——销项税额 650

		1100000000	北京增值税专用发票				№ 00724360	1100154160 00724360	
			发票联				开票日期：2021 年 3 月 1 日		
		校验码 18751 84735 44319 49871							
税总函〔2016〕248 号北京印钞有限公司	购买方	名　称：Q 有限责任公司 纳税人识别号：911101085511111111 地址、　电话：北京市朝阳区 ×× 路 1 号楼 1 层 001 号 010-1234567 开户行及账号：北京工商银行 × 客站支行 01010160093 ×××× 2925				密码区	49*<<5*-?/9059+75/951+-526/+5*64>866695291-+4006/434*381>05>>>0-381><6*6>>7++-526/+5*64>866695>7->6<5>9529		第一联：记账联销售方记账凭证
		货物或应税劳务、服务名称	规格型号	单位	数量	单价	金额	税率	税额
		* 塑料盒	R	个	5000	1.00	5000.00	13%	650.00
							￥5000.00		￥650.00
		价税合计（大写）		⊗伍仟陆佰伍拾元整			（小写）￥5650.00		

销售方	名　　称：A 有限责任公司 纳税人识别号：9111010855×××××××× 地址、电话：北京市朝阳区××路2号楼2层001号 010-765×××× 开户行及账号：中国工商银行××支行 01010160093××××××××	备注

收款人：张分　　　　复核：郑成　　　　开票人：王小方　　销售方：（章）

2021年3月2日，Q公司在清点货物时发现A公司的塑料盒大小不一，经双方协商，确定该商品的质量出现瑕疵。因为该瑕疵并不影响使用，双方约定，A公司给Q公司总售价10%的销售折让，Q公司不做退货退款。

这时A公司财务应该按照开具红字增值税专票的流程，先开具红字发票，然后再开具正确的蓝字发票，具体操作如下：

因为A公司还没将发票抵扣联和发票联交给购货方，所以可以直接在系统中填写《开具红字增值税专用发票信息表》。（样表）

开具红字增值税专用发票信息表（样表）

填开日期：2021年3月2日

销售方	名　　称	A 有限责任公司		购买方	名　　称	Q 有限责任公司	
	纳税人识别号	9111010855××××××××			纳税人识别号	9111010855111111111	
开具红字专用发票内容	货物（劳务服务）名称	数量	单价	金额		税率	税额
	塑料盒	5 000	1.00	5 000.00		13%	650.00
	合计	—	—	5 000.00		—	650.00
说明	一、购买方□ 对应蓝字专用发票抵扣增值税销项税额情况： 1. 已抵扣□ 2. 未抵扣□ 对应蓝字专用发票的代码：　　　代码：　　　号码： 二、销售方☑ 对应蓝字专用发票的代码：　　　代码：1100143160　号码：00724360						
红字专用发票信息表编号							

在系统中填写完《信息表》后申报，等待税务机关审核通过后，A公司根据该《信息表》开具了如下红字增值税专用发票。

1100000000 北京增值税专用发票							№ 00724360	1100154160 00724360

发票联 开票日期：2021 年 3 月 1 日

校验码 18751 84735 44319 49871

购买方	名　称：Q 有限责任公司 纳税人识别号：911101085511111111 地址、电话：北京市朝阳区 ×× 路 1 号楼 1 层 001 号 010-1234567 开户行及账号：北京工商银行 × 客站支行 01010160093 × × × 2925	密码区	49*<<5*-?/9059+75/951+-526/+5*64>866695291-+4006/434*381>05>>>0-381 >< 6*6>>7++-526/+5*64>866695>7->6<5>9529

货物或应税劳务、服务名称	规格型号	单位	数量	单价	金额	税率	税额
* 塑料盒	R	个	-5000	1.00	-5000.00	13%	-650.00
合计					￥-5000.00		￥-650.00

价税合计（大写）	⊗负伍仟陆佰伍拾元整	（小写）￥-5 650.00

销售方	名　称：A 有限责任公司 纳税人识别号：9111010855 × × × × × × × × × 地址、电话：北京市朝阳区 ×× 路 2 号楼 2 层 001 号 010-765 × × × 开户行及账号：中国工商银行 ×× 支行 01010160093 × × × × × × × ×	备注	

收款人：张分　复核：郑成　开票人：王小方　销售方：（章）

然后 A 公司又根据正确的销售折让金额开具了如下蓝字发票：

1100000000 北京增值税专用发票							00724360

发票联 开票日期：2021 年 3 月 2 日

校验码 18751 84735 44319 49872

购买方	名　称：Q 有限责任公司 纳税人识别号：911101085511111111 地址、电话：北京市朝阳区 ×× 路 1 号楼 1 层 001 号 010-1234567 开户行及账号：北京工商银行 × 客站支行 01010160093 × × × 2925	密码区	49*<<5*-?/9059+75/951+-526/+5*64>866695291-+4006/434*381>05>>>0-381 >< 6*6>>7++-526/+5*64>866695>7->6<5>9529

货物或应税劳务、服务名称	规格型号	单位	数量	单价	金额	税率	税额
* 塑料盒	R	个	5000	0.90	4500.00	13%	585.00
合计					￥5085.00		￥585.00

价税合计（大写）	⊗伍仟零捌拾伍元整	（小写）￥5085.00

销售方	名　　称：A 有限责任公司 纳税人识别号：9111010833××××××× 地址、电话：北京市朝阳区××路2号楼2层001号 010-765××× 开户行及账号：中国工商银行××支行 01010160093××××××××	备注	
	收款人：张分　　　　　复核：郑成　　　　开票人：王小方　销售方：（章）		

3.24　现金折扣怎样开票

有一次，主管交给小王一份销售合同，让小王根据合同给对方开具发票。小王发现合同上写的是"2/10，1/20，n/30"，这样的合同要怎么开票呢？账务处理又是什么样的呢？小王陷入了沉思。

现金折扣，是销售方为了鼓励购买方尽快支付货款而给与购买方的折扣优惠。通常规定，在不同期限内付款会享受不同比例的折扣，付款时间越早，享受的折扣越大。

现金折扣一般用符号"折扣率/付款期限"来表示，比如，"2/10""1/20""n/30"。这几个符号表示购买方如果在10天内付款，可享受商品售价2%的折扣；如果购买方在11天到20天内付款，则可享受商品售价1%的折扣；如果购买方在21天到30天内付款，则不能享受现金折扣。

因为现金折扣发生在销售货物或提供应税行为之后，是企业为了尽快收回货款而给与的优惠。这种优惠相当于企业为了融资而给付的财务费用，企业给购货方的现金折扣额相当于为了收款给支付的利息，所以现金折扣额不能抵减销售额和销项税额，只能计入企业财务费用中。

2008年，国家税务总局发布的《关于确认企业所得税收入若干问题的通知》中规定：债权人为鼓励债务人在规定的期限内付款而向债务人提供的债务扣除属于现金折扣，销售商品涉及现金折扣的，应当按扣除现金折扣前的金额确定销售商品收入金额，现金折扣在实际发生时作为财务费用扣除。

从上面的规定可以看出，企业的现金折扣不属于增值税应税业务，不需要开具发票。如果企业销售商品或提供应税服务涉及现金折扣的，应按照商品售价的全额开票，现金折扣额不能开票，不能抵减销售额和销项税额，只能计入财务费用。现以具体事例来说明。

A 公司销售某型号手机，该手机销售价格不含税 3 000 元 / 台，A 公司规定，付款条件是 "2/10，1/20，n/30"。B 公司购进 A 公司该型号手机 100 台，并在第 9 天付完货款，A、B 公司都是增值税一般人企业，增值税率都是 13%，这笔业务 A 公司财税应该怎么处理呢？

A 公司实现销售时，应给 B 公司全额开票，"金额"栏应该写"300 000"，"税额"栏应该写"39 000"，账务处理是：

借：应收账款——B 公司　　　　　　　　　339 000

　贷：主营业务收入　　　　　　　　　　　300 000

　　　应交税费——应交增值税——销项税额　39 000

因为 A 公司给出的付款条件是 "2/10，1/20，n/30"，所以第 9 天 B 公司付款时应该享受商品售价 2% 的优惠，折扣额是 339 000×2%=6 780 元。根据相关规定，这个折扣额不能开票，只能计入财务费用，所以 A 公司收到 B 公司的货款后，账务处理是：

借：银行存款　　　　　332 220

　财务费用　　　　　　6 780

　贷：应收账款——B 公司　　339 000

计入财务费用的部分，A 公司可以在企业所得税税前扣除，不过要留存合同、收据等作为扣除凭证。

3.25　买一赠一怎样开票

为了促进销售，企业有时会推出"买一赠一"的活动，也就是销售一件大商品会赠送一件小商品，这时企业一定要注意开票方式，否则就会增加税收负担。因为在增值税征收管理中，对企业"买一赠一"中的赠品到底属于折扣销售，还是视同销售，税务总局并没有 个统一的规定，这会导致各地税务机关在实际操作中因为不同的理解，产生两种不同的处理方法。

一种就是将"买一赠一"看成是折扣销售；另一种就是将"买一赠一"看成是视同销售。不过到底是当成折扣销售还是视同销售，税务机关要根据企业开具的发票和账务处理来认定。如果企业开票和账务处理让税务机关将"买一赠一"活动认定为视同销售，那企业就会多缴纳增值税和企业所得税，所以企业对"买一赠一"活动开票一定要慎重，不要开错。

比如，上海税务局在其官方微信中列举了两种不同开票方式的结果处理：

方式一："买一赠一"以折扣销售的形式开具发票

如果企业将商品和赠品都开具在同一张发票上，并且商品和赠品的销售额与折扣额都清清楚楚在同一张发票上的金额栏里分别注明，那么可以按照折扣后的销售额征收增值税。

这是什么意思呢？假如某企业举行买衬衣送领带的活动，顾客购买400 元 (不含税) 的衬衣将赠送价值 100 元 (不含税售价) 的领带。如果企业开票时将衬衣与领带开在同一张发票上，并且分别在金额栏里注明衬衣的销售金额为 400 元，领带的销售额为 100 元，以及折扣额 100 元，那么这次销售该企业应纳增值税 $=(400+100-100) \times 16\%=64$ 元（当时增值税税率还是 16%）。

方式二："买一赠一"没有以折扣销售方式的形式开具发票

如果企业没有按照上面的要求开具发票，则商品以其销售额计征增值税，并且赠品也要视同销售，以赠品的销售额来计征增值税。这句话的意思就是，还是上面买衬衣送领带的活动，如果企业开票时仅在发票的备注栏里注明赠了一条领带，这种情况企业应纳增值税 $= 400 \times 16\%+100 \times 16\%=80$ 元。

折扣销售开具发票

国家税务总局在《关于折扣额抵减增值税应税销售额问题的通知》中明确规定：纳税人采取折扣方式销售货物，销售额和折扣额在同一张发票上分别注明是指销售额和折扣额在同一张发票上的"金额"栏分别注明的，可按折扣后的销售额征收增值税。未在同一张发票"金额"栏注明折扣额，而仅在发票的"备注"栏注明折扣额的，折扣额不得从销售额中减除。

另外，国家税务总局在《关于确认企业所得税收入若干问题的通知》中规定：如果企业以买一赠一等方式组合销售本企业商品的，不属于捐赠，应将总的销售金额按各项商品的公允价值的比例来分摊确认各项的销售收入。

财务主管说

从这两项规定可以看出如果"买一赠一"活动在开票方式上体现了折扣销售，则就会少缴纳增值税和企业所得税。企业"买一赠一"活动时应该怎么正确开票和做账务处理呢？我们还是以一个例子来说明吧。

某企业（一般纳税人），在10月1日举行大型促销活动，凡购买该企业一台冰箱就赠送一台微波炉。假设该企业冰箱和微波炉的对外销售价（含税价）分别为2 000元和200元，成本分别是1 500元和100元，企业增值税率是17%。该企业将销售额和折扣额在同一张发票上分别注明了，企业有两种开票方式。

第一种开票方式：企业将冰箱和微波炉的金额，以及折扣的金额都开具在同一张发票的金额栏，如下图。

××增值税电子专用发票

发票代码：
发票号码：
开票日期：
校验码：

机器编号：

购买方 名称：
纳税人识别号：
地址、电话：
开户行及账号：
密码区

项目名称	规格型号	单位	数量	单价	金额	税率	税额
冰箱			1	1000	1000	10%	XXX
微波炉			1	100	100	10%	XX
折扣					-100		XX
合计							
价税合计（大写）				（小写）			

销售方 名称：
纳税人识别号：
地址、电话：
开户行及账号：
备注

收款人： 复核： 开票人：

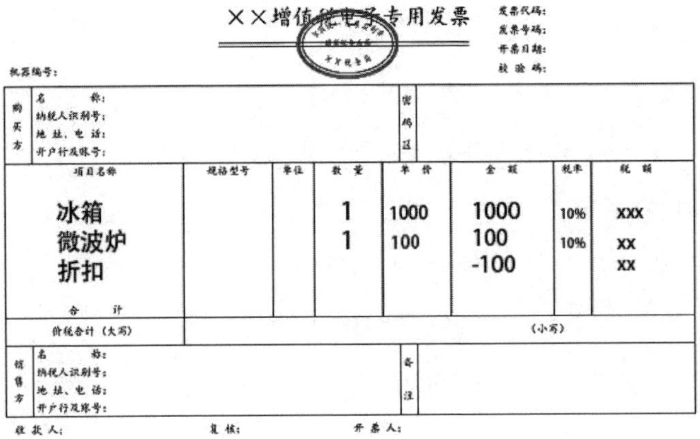

第二种开票方式：企业将冰箱金额及冰箱的折扣额，还有微波炉金额及微波炉的折扣额都清楚开在同一张发票的金额栏，并且冰箱折扣额和微波炉折扣额是按照冰箱和微波炉的公允价值比例分摊的，冰箱折扣金额 =2 000/（2 000+200）×200/（1+17%）=155.40，微波炉的折扣 =200/（2 000+200）×200/（1+17%）=15.54，如下图。

××增值税电子专用发票

发票代码：
发票号码：
开票日期：
校验码：

机器编号：

购买方 名称：
纳税人识别号：
地址、电话：
开户行及账号：
密码区

项目名称	规格型号	单位	数量	单价	金额	税率	税额
冰箱			1	1000	1000	10%	XXX
折扣					-100		
微波炉			1	100	100	10%	XXX
折扣					-10		
合计							
价税合计（大写）				（小写）			

销售方 名称：
纳税人识别号：
地址、电话：
开户行及账号：
备注

收款人： 复核： 开票人：

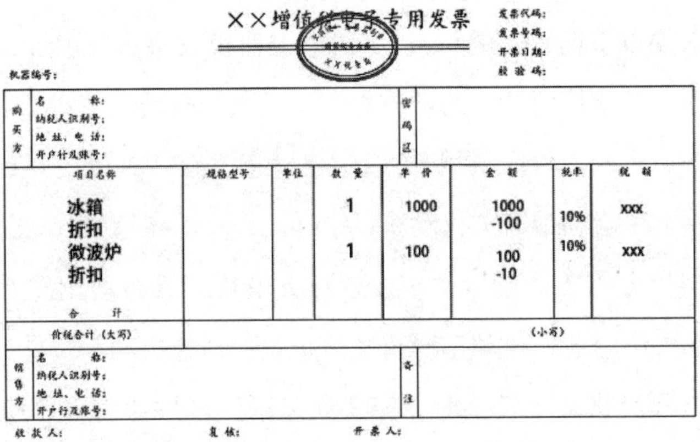

虽然第一种方式税务机关也认可，但是根据税务总局对所得税的要求，企业最好还是使用第二种开票方式。

第二种开票方式的账务处理如下：

销售时

借：银行存款 2 000

贷：主营业务收入——冰箱 1 554

——微波炉 155.4

应交税费——应交增值税（销项税额）290.6

结转成本时

借：主营业务成本——冰箱 1 500

——微波炉 100

贷：库存商品——冰箱 1 500

——微波炉 100

3.26 如何开具新版机动车发票

2020 年 12 月，国家税务总局、工业和信息化部、公安部联合制定并发布了《机动车发票使用办法》（以下简称《办法》）。

《办法》中所说的机动车发票，是指销售机动车（不包括二手车）的单位和个人（以下简称"销售方"）通过增值税发票管理系统开票软件中机动车发票开具模块所开具的增值税专用发票和机动车销售统一发票（包括纸质发票、电子发票）。销售方通过机动车发票开具模块开具的增值税专用发票左上角自动带有"机动车"字样。

哪些销售方需要通过机动车发票开具模块开具机动车发票呢？主要包括机动车生产企业、机动车授权经销企业、其他机动车贸易商三种。

销售方开具机动车发票时，需要通过增值税发票管理系统开票软件在线开具。如果根据有关规定不使用网络办税或不具备网络条件的特定纳税人，也可以离线开具机动车发票。

名　　称	具体内容
机动车生产企业	包括国内机动车生产企业及进口机动车生产企业驻我国办事机构或总授权代理机构,比如,国内从事汽车整车制造的企业,某国外品牌(中国)汽车销售有限公司
机动车授权经销企业	是指经机动车生产企业授权,且同时具备整车销售、零配件销售、售后维修服务等经营业务的机动车经销企业,比如,某品牌汽车4S店
其他机动车贸易商	是指除上述两类企业以外的机动车销售单位和个人,比如,摩托车个体经销处

对于使用机动车发票开具模块的销售方,主管税务机关会根据销售方实际经营情况动态调整机动车发票领用数量,根据需要即时办理。

销售方要按照销售符合国家机动车管理部门车辆参数、安全等技术指标规定的车辆所取得的全部价款如实开具机动车发票。

使用机动车发票开具模块开具发票时,要正确选择机动车发票的种类。如果是向消费者销售机动车,销售方应当开具机动车销售统一发票;其他销售机动车行为,销售方应当开具增值税专用发票。也就是购买方购买机动车是为了自用,那么销售方就应当开具机动车销售统一发票;如果购买方购进机动车是为了销售,销售方就需要给其开具增值税专用发票。比如,某汽车4S店将库存汽车卖给消费者需要开具机动车统一发票,但是如果是将库存汽车调配至下属其他4S店用于销售的,那就应该开具增值税专用发票。

1. 销售方使用机动车发票开具模块开具机动车销售统一发票时,应遵循的规则

(1)销售方应按照"一车一票"原则开具机动车销售统一发票,也就是说,一辆机动车只能开具一张机动车销售统一发票,一张机动车销售统一发票只能填写一辆机动车的车辆识别代号/车架号。比如,消费者购买了一辆单价为100万元的机动车,销售方只能开具一张总价款为100万元的机动车销售统一发票,不能将价款拆分,开具两张及以上机动车销售统一发票。

（2）销售方要根据消费者的实际情况，如实填写机动车销售统一发票中的"纳税人识别号／统一社会信用代码／身份证明号码"栏。如果消费者需要抵扣增值税，必须要在该栏中填写消费者的统一社会信用代码或纳税人识别号，如消费者为个人则应填写个人身份证明号码。

（3）销售方开具纸质机动车销售统一发票后，如果发生销货退回或开具有误的，应开具红字发票，并且红字发票内容要与原蓝字发票一一对应。具体操作流程如下：

①销售方开具红字发票时，应该收回消费者所持有的机动车销售统一发票全部联次。如果消费者已经办理车辆购置税纳税申报的，则不需退回报税联；如果消费者已经办理机动车注册登记的，则不需再退回注册登记联；如果消费者为增值税一般纳税人且已抵扣增值税的，则不需退回抵扣联。

②如果消费者已经办理机动车注册登记的，销售方应当留存公安机关出具的机动车注销证明复印件；如果消费者无法取得机动车注销证明，销售方应留存机动车生产企业或者机动车经销企业出具的退车证明或者相关情况说明。

（4）如果消费者将机动车销售统一发票丢失，无法办理车辆购置税纳税申报或者机动车注册登记的，可以向销售方申请重新开具机动车销售统一发票。销售方核对消费者相关信息后，要先开具红字发票，然后再重新开具与原蓝字发票存根联内容一致的机动车销售统一发票。

（5）机动车销售统一发票打印内容出现压线或者出格的，若内容清晰完整，无须退还重新开具。

2. 销售方使用机动车发票开具模块开具增值税专用发票时，应遵循的规则

（1）正确选择机动车的商品和服务税收分类编码。如果同时销售的还有材料、配件、维修、保养、装饰等非机动车整车销售业务，则不能通过该模块开具发票。

（2）增值税专用发票的"规格型号"栏应填写机动车车辆识别代号 / 车架号，"单位"栏应选择"辆"，"单价"栏应填写对应机动车的不含增值税价格。如果是汇总开具增值税专用发票，则应通过机动车发票开具模块开具《销售货物或应税劳务、服务清单》，清单中的规格型号、单位、单价等栏次也要按照增值税专用发票的填写要求填开。

如果国内机动车生产企业不能在"规格型号"栏填写车辆识别代号 / 车架号，"规格型号"栏可以为空，但是应在增值税专用发票（包括《销售货物或应税劳务、服务清单》）上，将相同车辆配置序列号、相同单价的机动车，按照同一行次汇总填列的规则开具发票。

（3）如果开具增值税专用发票后，发生销货退回、开票有误、销售折让等情形，销货方应根据增值税发票管理系统校验通过的《开具红字增值税专用发票信息表》开具红字增值税专用发票。如果发生销货退回、开票有误的，要在"规格型号"栏填写机动车车辆识别代号 / 车架号；如果发生销售折让，则在"规格型号"栏不填写机动车车辆识别代号 / 车架号。

《办法》自 2021 年 5 月 1 日起试行，2021 年 7 月 1 日起正式施行。从该《办法》试行之日起制造的机动车，销售方都要按照该《办法》规定开具机动车发票。如果是在 2021 年 5 月 1 日之前制造的机动车，销售

方还可按照《办法》实施前的规定开具机动车发票。

为了保证新旧版机动车发票的平稳衔接，虽然从 2021 年 5 月 1 日起启用新版机动车销售统一发票，但是机动车企业在 2021 年 12 月 31 日前仍可继续开具旧版机动车销售统一发票。不过，到 2022 年 4 月底前，各地税务机关将完成旧版发票的销毁。

3.27　二手车异地交易怎样开具发票

为了促进二手车交易行业的发展，加快推行小型非运营二手车交易登记跨省通办，2021 年 4 月，商务部办公厅、公安部办公厅、税务总局办公厅联合发布了《关于推进二手车交易登记跨省通办便利二手车异地交易的通知》（以下简称《通知》）。

《通知》中说：对已登记的小微型非营运载客汽车（以下简称小型非营运二手车），买卖双方可以选择在车辆原登记地（以下简称转出地）或者买方住所地（以下简称转入地）进行二手车交易，办理交易的二手车交易市场经营者、二手车经销企业、二手车拍卖企业等应当依据国家有关规定开具二手车销售统一发票。二手车所有人不通过二手车经销企业、二手车拍卖企业等将车辆直接出售给买方的，应当由二手车交易市场经营者按规定向买方开具二手车销售统一发票。

这意味着，以后二手车异地交易会更加便利。之前车辆实行属地化管理，想要跨地区转移车辆，需要先到车辆原注册地办理转出。这个过程非常烦琐，需要车辆原注册地的二手车交易市场、二手车经销公司或二手车拍卖公司开具二手车统一销售发票，再到公安交通管理部门提档，再到转入地落档，然后才能办理车牌、行驶证、车辆登记证相关手续。

有了这个《通知》后，再也不受原注册地的限制了，二手车交易再也不用这么麻烦了，买卖双方可以自由选择在转入地或转出地相关的企业开具二手车统一销售发票，然后就可以办理转移登记手续了。

二手车交易注意事项

　　1. 对在转入地和转出地以外第三地，是不能进行二手车交易的；

　　2. 个人之间的二手车交易，只能通过二手车交易市场开具二手车统一销售发票；

　　3. 在车辆转入地交易的，二手车交易市场、二手车经销公司、二手车拍卖公司先要核实买方住所与转入地是否一致，一致才能开具发票。

财务主管说

　　2021 年 6 月 1 日，该《通知》在天津、太原、沈阳、上海、南京、苏州、杭州、宁波、合肥、福州、南昌、淄博、郑州、武汉、深圳、南宁、重庆、成都、昆明、西宁这 20 个城市推行试点；自 2021 年 9 月 1 日起，除了前面 20 个试点城市，还要在直辖市、省会市、自治区首府市全部推行；到 2022 年上半年，全国将全面推行。

3.28　开了发票就必须纳税吗

　　有一次，小王在整理当月发票时发现一张"税额"拦写着"***"的发票，这是什么发票，难道是对方将税额忘记打上去了？不应该啊，开发票税额都是自动出来的。于是她急忙跑去问主管，主管告诉她这是"零税率"发票，"***"意思是不用交税。

　　发票是企业收入和支出的一种证明凭证，纳税管理也是在企业发票的基础上进行的。一般来说，只要产生销售收入，不管是否开具发票，企业都需要就该笔收入纳税。但是，在现行的税法体制下，国家为纳税人提供了许多优惠政策，使得许多收入项目均无须纳税。我们以增值税为例来说明开具发票但纳税为零的几种情况：

1. 免税项目无须纳税

《增值税暂行条例》和"营改增"等政策优惠中规定了许多免税项目。比如，销售避孕药物和用具的纳税人免税；销售古旧图书的纳税人免税；养老机构提供的养老服务免税；殡葬服务、婚姻介绍服务免税等。经营这些免税项目的纳税人，可以享受增值税的免税政策，即使就上述项目开具了发票，也无须缴纳税款。

经营上述免税项目的纳税人，在开具发票时需要注意：免税项目的销售方不产生销项税额，同样，购买该项目的纳税人也不会产生进项税额。因此，销售增值税免税收入的纳税人只能就该项目开具增值税普通发票，不得开具增值税专用发票。

在发票的"税率"一栏，开票方应当勾选开票系统中的"享受优惠政策"中的"免税"项，将该字段标注在发票当中。

货物或应税劳务、服务名称	规格型号	单位	数量	单价	金额	税率	税额	
*图书*古旧图书		本	25	20.00	500.00	免税	***	第二联：记账联 购买方记账凭
合　计					¥500.00		¥0.00	

2. 零税率项目纳税税额为零

除了免税项目外，增值税的零税率项目的纳税税额也为零。根据现行的增值税管理相关规定，除国务院有另外规定外，纳税人出口货物的增值税税率为零，境内单位和个人跨境销售国务院规定范围内的服务、无形资产，税率为零。

适用零税率的纳税人，在开具发票时同样只能开增值税普通发票，其"税率"栏位应当填写"0",税额栏位应当填写"***"。

	密码区	866695291—+4006/434*381>05>>>0-38 1><6*6>>7++-526/+5*64>866695>7->6 <5>9529			
34567					
3XXXX2925					
数量	单价	金额	税率	税额	第二联：记账联
500	1.00	500.00	0	***	

零税率项目税率为零,因此,纳税人需要缴纳的税负为零。但是,零税率项目确实是税法规定的纳税项目,纳税人仍然负有纳税义务。

3.29 关于发票专用章问题总结

哪些发票开具后必须要盖发票专用章?发票专用章到底要怎么盖?这里根据不同种类的发票总结如下。

1. 增值税电子发票

2020 年 1 月,国家税务总局发布了《关于增值税发票综合服务平台等事项的公告》(国家税务总局公告 2020 年第 1 号)。该公告明确提出纳税人通过增值税电子发票公共服务平台开具的增值税电子发票,属于税务机关监制的发票,采用电子签名代替发票专用章,其法律效力、基本用途、基本使用规定等与增值税普通发票相同。也就是说,通过这个平台开具的电子发票采用的是电子签章,上面不再有发票专用章,并且根据该电子发票打印的纸质发票也无须再加盖发票专用章。

电子普票分为"有签章"(带有发票专用章)和"无签章"(没有发票专用章)两种。"有签章"电子发票是之前使用的老版本,是纳税人通过自建或第三方平台开具的;"无签章"电子发票是纳税人通过增值税电子发票公共服务平台开具的。目前,这两种版本都是合规有效的。

2. 自开增值税发票

纳税人在自行开具发票时，要做到按照号码顺序填开，项目要填写齐全，内容要真实，字迹要清楚，全部联次要一次打印，内容要完全一致，增值税普通发票要在发票联加盖发票专用章，增值税专用发票要在发票联和抵扣联加盖发票专用章。

3. 代开增值税发票

税务机关在代开的增值税普票以及为其他个人代开增值税专用发票的备注栏上，必须加盖税务机关代开发票专用章，否则无效；税务机关代开增值税专用发票，纳税人应该在代开的增值税专票的备注栏上加盖本单位发票专用章（如果是为个人代开则不用加盖）。

4. 机动车销售发票

凡是从事机动车零售业务的单位和个人，在开具机动车销售统一发票时需要在发票联加盖发票专用章或财务章，抵扣联不得加盖印章，注册登记联加盖开票单位印章。

5. 一些常见问题总结

（1）不需要在发票记账联加盖发票专用章；

（2）发票联和抵扣联上只能加盖发票专用章，不能用财务专用章或公章替代，并且盖完发票专用章后，不能再加盖其他章；

（3）如果发票上盖的发票专用章不清晰，可以在旁边补盖一个清晰的（注意：新盖的章不能与原来的章重叠），或者直接将该发票作废或红冲，然后重新开具；

（4）如果发票上的发票专用章盖错了，则应把该发票作废或红冲，然后重新开具。

根据《发票管理办法》第三十五条的规定，应当开具而未开具发票，或者未按照规定的时限、顺序、栏目，全部联次一次性开具发票，或者未加盖发票专用章的，由税务机关责令改正，可以处1万元以下罚款，有违法所得的予以没收。

3.30 怎样开具销售货物或提供应税劳务清单

财务人员在开具发票的时候，会遇到货物信息太多，一张发票无法填列完整的情况，这时就需要开具《销售货物或提供应税劳务清单》了。财务人员应该怎样通过开票系统来开具《销售货物或提供应税劳务清单》呢?

1. 如何通过税务 UKey 开票系统来开具清单

财务人员进入税务 UKey 开票系统后，先点击"发票管理"，再点击"发票填开"，选择"增值税普通发票"项目，这时系统会弹出"增值税普通发票"窗口，征收模式默认为"普通征税"，核对发票无误后开具发票。填写购买方相关信息，然后点击右上角的"清单"按钮就可以录入数据了，数据填写完整后保存发票信息，如是纸质发票就将其打印下来，注意打印时要注意设置打印格式。

2. 如何通过金税盘开票系统来开具清单

打开"开票软件"，进入"发票管理界面"，点击"发票填开"，进入发票开具页面，核对好发票信息，填写完购买方信息后，点击上面的"清单"按钮，然后录入数据，填写完数据后保存发票信息即可。

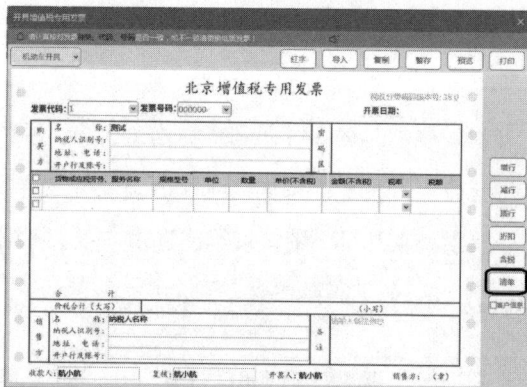

3. 通过税控盘开票系统来开具清单

进入税控盘开票系统，点击"发票填开"，核对发票信息后，填写购买方信息，然后点击右上角的"清单"按钮，录入数据，然后保存发票即可。

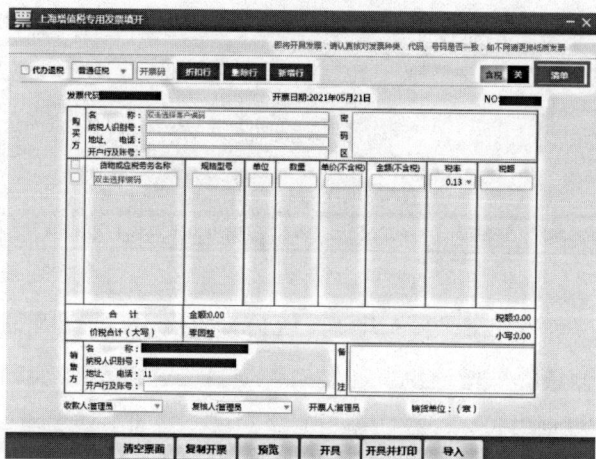

学会了开具清单，还要注意以下几个事项：

（1）清单是发票的附件，在确认开具清单后，发票版面上的货物或服务名称显示为"详见销货清单"，发票的金额和税额与清单的汇总数一致，且不超过该版本发票的最大金额限额；

（2）一份清单专用纸最多可以打印 25 行商品信息，如果货物信息超过 25 行则需用多份清单专用纸来打印；

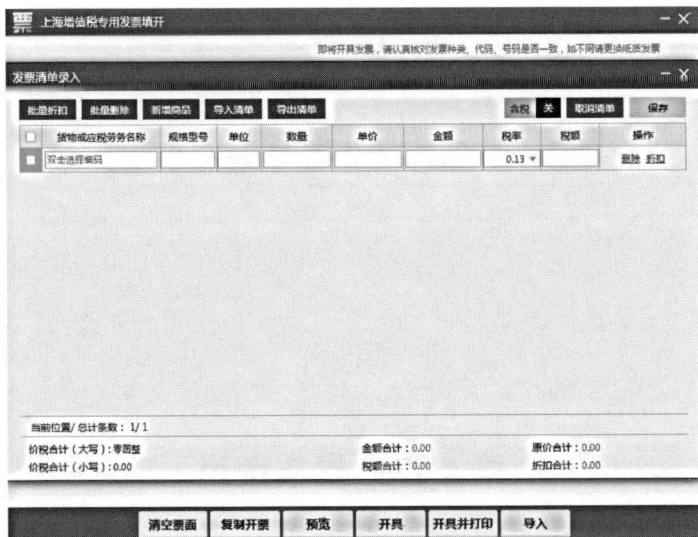

（3）清单上会显示购货方、销货方名称，发票版本代码和发票号码，与发票版面上相对应；

（4）清单打印如果发生错误，重新打印就行，不影响发票的使用；

（5）开具的《销售货物或提供应税劳务清单》也需要盖发票专用章。

第4章 发票使用

4.1 费用报销需坚持的几个要点

经过主管一段时间的有意培养，小王已经学到了很多财务相关知识。这天，主管交给小王一些报销单，让小王审核一下，看这些报销是不是符合法律法规。在小王开始工作前，主管给小王讲解了一些费用报销需要坚持的原则。

为了减少税务风险，企业在费用报销时要坚持以下几个要点：

1. 票据要跟实际业务相吻合

这是费用报销需要坚持的基本原则，因为《企业所得税法》规定，只有企业实际发生的，并且跟取得收入有关的、合理的支出才能税前扣除。比如，企业采购一批原材料，按理说应该取得的是商品购销发票，如果报销时使用的是接受服务的发票，这样跟实际业务根本不符的业务当然不允许报销。可能有人会说，采购的那家小供应商没有这样的发票，只有服务类发票。面对这样的情况，还是赶紧换一家吧，因为这种情况税务局是不会认可的，因为没有如实开具发票。

2. 取得的附件要能说明费用发生的真实性

有些费用想要报销，除了取得符合规定的发票外，还要有能说明该项业务真实合理的附件。这些附件跟报销单之间具有较强的逻辑性和关联性，比如，想要报销原材料的采购款，还要有采购合同、入库单、质量检验合格证等，上面的签字、签章、审批手续都要齐全，数量、金额、规格等都要跟实际相符，只有这样财务人员在审核报销单时才能判断这项业务的真实性、合理性。

3. 取得的发票类别要符合税法要求

一般情况下，取得的水电费、各类外包服务费、印刷费、办公费、物料采购费等可以使用专票报销；不过像餐饮类发票、会所、KTV、酒吧等业务招待费发票只需使用普票报销。

4. 专票报销填写时尽量价税分离

大家报销中涉及专票报销的，在填写报销单时尽量将专票上的不含税价和税额分成两行填写，以方便财务人员后期的账务处理。

5. 附件里文件表达要符合公司内部管理流程

有时一些费用的报销会牵扯到公司内部好几个部门的专业意见，这些事项在报销前应取得内部通过的审批意见，所以附件中的文件表达要符合公司内部的管理流程。

比如，企业想要进行土建改造，施工前肯定会对这项工程进行一番评估，评估通过后才会开始施工，然后才会涉及后期的费用报销。所以，员工在报销时应该附上该工程评估时通过的相关文件，让财务人员知道这是符合公司内部管理要求的，那么报销时就容易审核通过，以后税务机关检查时也能了解到该项工程的前因后果。

4.2 费用报销审核重点

财务人员在审核费用报销的票据时，要注意审核哪些方面呢？

1. 审查报销单上的签字是否齐全

费用报销单或差旅费报销单上要有报销人、财务负责人、部门负责人的签字。如果是分公司，且当地没有财务的，那么兼职财务人员要在财务负责人处签字，分公司经理要在部门负责人处签字。

2. 审查报销单填写是否规范

不管是费用报销单还是差旅费报销单，填写方面主要从以下几个方面进行审查：

（1）大小写金额填写是否正确，检查大小写金额是否一致，是否合规，比如，小写金额与人民币符号之间不得留有空格，不得连笔，大写金额无数字部分是否用零或⊗补齐等；

（2）报销单上的字迹是否有涂改或勾抹，是否有错误，如果有需要重新填写；

（3）报销单上面的项目填写是否完整，比如，报销部门、报销时间、报销项目、附件张数等。

3. 审查原始单据是否合规

财务人员要审查费用报销取得的原始凭证是否合理合法，如果不合理合法，则不能给报销，注意包括以下几点：

（1）看取得的发票是否合规，辨别发票的真伪，检查发票上的名称、金额、税率等是否正确，签章是否合规；

（2）看取得的收据是否合规，看对方的收据开具是否正确，上面有没有加盖销售方财务章；

（3）看非机打发票是否合规，看手撕非机打发票开具是否正确，上面是不是印有国税监制章和防伪识别码或水印；

（4）根据出差日期和行程的不同，看报销的手撕非机打发票是否连号或同一号段。

4. 审查报销单中票据的粘贴是否合规

（1）检查票据粘贴是否整洁。报销单中的票据要求粘贴整洁，先将票据进行分类，再按照时间先后顺序粘贴到粘贴单上，将小张的票据粘贴在上面，大张的粘贴在下面，以确保单据的平整；

（2）粘贴时不要将票据上的金额、时间等重要信息粘贴住，要保证票据上的重要信息清晰可见。

按照以上四个原则审查后的票据才能报销。

4.3　哪些发票收到后不能要

财务人员在接受发票时一定要注意审查，有些发票不符合规定，收到后要退还，否则自己要承担损失。

1. 未填写购买方的纳税人识别号或统一社会信用代码的普通发票不能要

2017 年国家税务总局发布了《关于增值税发票开具有关问题的公告》（国家税务总局公告 2017 年第 16 号），其中第一条规定：从 2017 年 7 月 1 日起，销售方开具增值税普通发票时，应在"购买方纳税人识别号"栏填写购买方的纳税人识别号或统一社会信用代码。不符合规定的发票，不得作为税收凭证。

A 公司取得快递公司开具的发票，但是上面没有填写公司的名称，于是 A 公司财务人员直接以手写的形式填进去，这个快递费用能在企业所得税前扣除吗？

这样不符合规定的发票是不能作为财务报销的凭证，不能税前扣除。A 企业有权拒收这样不符合规定的发票，并要求对方重新开具符合规定的发票。

2. 开具内容与实际业务不符的发票不能要

销售方开具增值税发票时，应该根据实际销售情况如实填写发票内容，不得根据购买方要求填开与实际交易不符的内容。

3. 收到旧版发票监制章的发票不能要

2018 年国家税务总局发布了《关于税务机构改革有关事项的公告》

（国家税务总局公告 2018 年第 32 号），其中第六条规定：新税务机构挂牌后，启用新的税收票证式样和发票监制章。2018 年 12 月 31 日后将使用国家税务总局统一印制的税收票证，还未换监制章的发票将不能再继续使用。

4. 发票税率选择错误的发票不能要

如果发现收到的发票税率栏填写错误，则不能报销，比如，将小规模纳税人销售货物 3% 的税率错写成了 5%，不能要。

5. 没有编码简称的发票不能要

根据增值税发票管理的规定，从 2018 年 1 月 1 日起，纳税人通过增值税发票管理系统开具增值税发票，在发票票面"货物或应税劳务、服务名称"或"项目"栏次中会自动显示并打印商品和服务税收分类编码对应的简称，没有编码简称的发票是不符合规定的，不能要。

6. 发票清单不是从防伪税控系统中开具打印的专用发票不能要

国家税务总局在《增值税专用发票使用规定》中规定：一般纳税人在销售货物或者提供应税劳务时，可汇总开具专用发票。但是纳税人汇总开具专用发票的，必须使用防伪税控系统开具《销售货物或者提供应税劳务清单》，并加盖发票专用章。注意，只要是在防伪税控系统中开具的，使用 A4 纸打印或别的纸张打印都行。

有些纳税人自己使用 Excel 或销货系统打印发票清单，不管这个清单使用的是什么纸张都是不符合规定的，这样的发票是不能要的。如果不小心接收了这样的发票，将面临不能抵扣或不能税前扣除的风险。

财务人员收到带清单的发票，如果不确定是否符合规定，可以直接去发票查验平台查验清单的真伪。如果对方是从防伪税控系统开具的，则会显示"查看货物明细清单"，点开清单后会显示明细，查看一下收到的清单明细跟查验平台上清单的内容是否完全一致，如果不一致则坚决不能要。

发票查验明细

| 查验次数：第3次 | 查验时间：2019-06-25 15:53:24 | | 打印 | 关闭 |

广东增值税专用发票

| 发票代码：■■■■■ | 发票号码：■■■■ | 开票日期：■■■ | | 校验码：■■■ | 机器编号：■■■ |

	名称：								
购买方	纳税人识别号：						密码区		
	地址、电话：								
	开户行及账号：								

货物或应税劳务、服务名称	规格型号	单位	数量	单价	金额	税率	税额
（详见销货清单）					85696.12	16%	13711.38
查看货物明细清单							
合计					￥85696.12		￥13711.38

| 价税合计（大写） | ⊗玖万玖仟肆佰零柒圆伍角 | （小写） ￥99407.50 |

	名称：				
销售方	纳税人识别号：				备注
	地址、电话：				
	开户行及账号：				

7. 提供货物运输服务备注栏填写不完整的发票不能要

提供货物运输服务的纳税人，开具增值税发票时要在备注栏中写明起运地、到达地、车种车号以及运输货物信息等内容，如果内容较多可另附清单。如果收到的货物运输服务类发票备注栏中没有这些内容，则不符合相关规定，不能要。

8. 提供建筑服务备注栏不完整的发票不能要

提供建筑服务的纳税人，开具增值税发票时要在备注栏中注明建筑服务发生地县（市、区）名称及项目名称，没有注明的发票不能要。

9. 销售不动产备注栏填写不完整的发票不能要

销售不动产的纳税人，开具增值税发票时，要在发票"货物或应税劳务、服务名称"栏填写不动产名称及房屋产权证书号码（无房屋产权证书的可不填写），"单位"栏填写面积单位，同时还要在备注栏中注明不动产的详细地址。不是这样填写的发票不能要。

10. 出租不动产备注栏填写不完整的发票不能要

出租不动产的纳税人，开具增值税发票时，要在备注栏中注明不动产的详细地址。不是这样填写的发票不能要。

11. 保险机构代收车船税备注栏填写不完整的发票不能要

从 2016 年 5 月 1 日起，保险机构作为车船税扣缴义务人在开具增值税发票时，要在增值税发票的备注栏中注明代收车船税税款信息。具体包括：保险单号、税款所属期（详细至月）、代收车船税、滞纳金、合计等。只有这样的增值税发票才可作为缴纳车船税及滞纳金的会计核算原始凭证。

12. 差额开票备注栏填写不完整的发票不能要

适用于差额征税办法缴纳增值税，且不得全额开具增值税发票的（财政部、税务总局另有规定的除外），纳税人开具增值税发票时，通过新系统中差额征税开票功能，录入含税销售额（或含税评估额）和扣除额，系统自动计算税额和不含税金额，备注栏自动打印"差额征税"字样，注意这种发票不应与其他应税行为混开。

13. 未按规定要求开具的成品油发票不能要

所有成品油发票都必须通过增值税发票管理系统中成品油发票开具模块开具，成品油发票上如果没有"成品油"三个字不能报销。在开具成品油发票时，要正确选择商品和服务税收分类编码；成品油发票中的"单位"栏应选择"吨"或"升"，蓝字发票的"数量"栏必须要填写并且不能为"0"；如果成品油专用发票开具后，发生销货退回、开票有误以及销售折让等情况的，要按照相关规定开具红字成品油专用发票，不能作废；成品油发票的总量，应不大于所取得的成品油专用发票、海关进口消费税专用缴款书对应的同一商品和服务税收分类编码的油品总量。

以上这些不符合国家法律法规的发票是不能作为税前扣除凭证的，万一收到了应该及时联系对方，要求对方补开、换开，直到符合规定为止。如果企业在补开、换开发票，或其他外部凭证过程中，因对方注销、撤销、依法被吊销营业执照、被税务机关认定为非正常户等特殊原因无法获得的，可凭以下资料证明支出的真实性后，相应支出可以或追补至该支出发生年度税前扣除（追补年限不得超过五年）。

序号	资料清单	备注
1	无法补开、换开发票，或其他外部凭证原因的证明材料（包括工商注销、机构撤销、被吊销营业执照、被列入非正常户、破产公告等特殊证明材料）	
2	相关业务活动的合同或者协议	必备资料
3	采用非现金方式支付的付款凭证	
4	货物运输的相关证明材料	
5	货物入库、出库内部凭证	
6	企业会计核算记录及其他相关资料	

4.4 跨年度发票还能报销吗

小王审核费用报销单时，发现一张跨年发票，这样的发票还能报销吗？小王记得好像跨年发票不能报销，但现在应该怎么办呢？小王准备去问无所不知的主管。

跨年度发票主要包括两种情况：

（1）经济业务发生在上一年度，款项支付也在上一年度，但发票是在下一年度才取得的。比如，A 公司 2020 年支付的广告费，B 公司 2021 年才开具发票。

（2）发票是上一年度开具的，但是因为种种原因未能在上一年度报销做账。比如，王某 2021 年 6 月拿来 2020 年 12 月开具的发票，要来报销。

对于这两种跨年度发票，会计人员应该怎么处理呢？

《中华人民共和国企业所得税法实施条例》第九条规定："企业应纳税所得额的计算，以权责发生制为原则，属于当期的收入和费用，不论款项是否收付，均作为当期的收入和费用；不属于当期的收入和费用，即使款项已经在当期收付，均不作为当期的收入和费用。本条例和国务院财政、税务主管部门另有规定的除外。"

国家税务总局关于发布《企业所得税税前扣除凭证管理办法》（国家税务总局公告 2018 年第 28 号），其中第六条规定："企业应在当年度企业所得税法规定的汇算清缴期结束前取得税前扣除凭证。"

一般情况下，会计处理要遵循权责发生制原则，也就是说原则上 2021 年是不能报销 2020 年开具的发票，但是实际上每个企业可能都存在发票跨年度报销的问题，所以发票跨年还是能报销的。但这种跨年发票报销是有严格规定的。

1.上一年度的业务，收到的发票却是次年的

对于本节开篇所说的第一种情况，根据权责发生原则，在业务发生的 2020 年，A 企业不管有没有收到 B 公司的发票都应该直接做会计分录，将费用计入当期。

不过根据国家税务总局公告 2011 年第 34 号规定："企业当年度实际发生的相关成本、费用，由于各种原因未能及时取得该成本、费用的有效凭证，企业在预缴季度所得税时，可暂按账面发生金额进行核算；但在汇算清缴时，应补充提供该成本、费用的有效凭证。"

企业财务人员应该在汇算清缴前（2020 年汇算清缴最晚在 2021 年 5 月 31 日前上报），将之前缺少的发票（不管是 2020 年开具的，还是 2021 年开具的）要来，粘贴在 2020 年那张凭证后面即可，在 2020 年汇算清缴时直接扣除，不用再做纳税调整。

如果在 2020 年汇算清缴结束前依然没有取得发票，那么只能先做纳税调整，等取得发票后再追补了，不过追补年限不得超过五年。

国家税务总局关于发布《企业所得税税前扣除凭证管理办法》（国家税务总局公告 2018 年第 28 号）第十七条规定，除发生本办法第十五条规定的情形外，企业以前年度应当取得而未取得发票、其他外部凭证，且相应支出在该年度没有税前扣除的，在以后年度取得符合规定的发票、其他外部凭证或者按照本办法第十四条的规定提供可以证实其支出真实性的相关资料，相应支出可以追补至该支出发生年度税前扣除，但追补年限不得超过五年。

2. 属于上一年度的费用发票，本年度才报销

根据国家税务总局公告 2011 年第 34 号规定，会计人员应该在上一年度结束前就要做好准备，如果知道在 2021 年会收到 2020 年度的费用发票，就提前让公司各部门尽量在年度结束前取得发票并及时报销。

如果实在无法在年度结束前进行报销，比如，出差在外要 2021 年 1 月份才能回来，那么会计人员应该让公司各部门预估一下 2021 年需要报销的 2020 年的金额，先做账。等 2021 年取得发票报销时再冲减相关负债，并调整相关费用的金额。

虽然跨年度费用也能报销，但是还是尽量避免这样的跨年度发票。财务人员要求企业人员养成及时报销的好习惯，企业也定期清查发票未到的情况，以免引起不必要的财务风险。

4.5 有些费用不能只附一张发票就报销

《企业所得税法》规定，企业实际发生的与取得收入有关的、合理的支出，包括成本、费用、税金、损失和其他支出，准予在计算应纳税所得额时扣除。

一些法律法规都强调，不符合规定的发票不得作为税前扣除凭据，这是不是意味着只要取得的发票符合规定就能报销，能作为税前扣除的有效凭证呢？当然不是，有些费用除了需要符合规定的发票外，还需要其他能证明该业务真实合理的材料才能作费用支出，允许税前扣除。

1. 购买实物资产费用

比如，购买原材料、机器设备、办公用品、低值易耗品、礼品等。这类费用的报销除了发票还需要以下材料：

（1）是否有入库单，入库单上签章、审批手续是否齐全；

（2）是否有采购合同；

（3）是否有质量验收合格证明；

（4）发票上的日期、金额是否与采购合同一一对应；

（5）是否有从第三方开票；

（6）成本费用率是否明显超过行业合理水平。

2. 租金费用

租金费用的报销需要有行政办公部门审核确认手续、房屋租赁合同，还需要确认发票日期、金额与租赁合同是否吻合。

3. 业务招待费

想要报销业务招待费，要有经办人、部门经理甚至公司总经理的审核签批。如果是大额发票，还要有消费清单，因为大额发票是税务稽查重点，如果没有清单，可能会被认为是虚假消费。

4. 差旅费

想要报销差旅费，要将差旅费报销单的内容填写齐全，所附的车票、餐饮、住宿、交通费发票也要跟出差地一致，此外报销人员也要跟派出的人员名单、数量一致。

5. 会议费

会议费报销，要有会议通知、会议议题、参会人员名单、签到表等资料，此外还要看是否有与会议无关的费用（如旅游费）列支。

6. 工资薪金

要有考勤记录、招聘合同、扣缴工资薪金的个人所得税，还要看工资数额是否跟劳动合同和考勤纪律相吻合。

7. 运费

运费的报销要有运费报销单，看起运地和运达地跟运费报销单是不是吻合，是不是还有起运地和运达地以外的车辆运输，还要看运输价格是否波动较大。

8. 油费

加油费报销，要看公司是否有车辆，并且报销的加油费是否为本公司车辆，加油费总额是不是超过了车辆理论行车的最大油耗量。

9. 水电费

报销水电费时，要看发票上的字码跟水表、电表上的字码是否一致，其消耗的度数是否跟公司的产能相吻合。如果公司企业账面上显示产量很少，水电费却很高，就不合理。

"金税三期"的强大大家已经知晓，现在"金税四期"又即将上线，除了税务业务，还会纳入非税业务，到时对企业的监控更加全面，所以财务人员要严把费用报销关，不要让不合规定的费用报销给企业带来税务风险。

4.6 增值税专用发票抵扣时间有限制吗

我国之前对增值税专用发票抵扣联的认证是有期限限制的，从 90 天 → 180 天 → 360 天，现在已经取消了增值税抵扣凭证认证确认的期限。

2019 年 12 月 31 日，国家税务总局发布了《关于取消增值税扣税凭证认证确认期限等增值税征管问题的公告》（国家税务总局公告 2019 年

第 45 号), 其中规定:

增值税一般纳税人取得的 2017 年 1 月 1 日及以后开具的增值税专用发票、海关进口增值税专用缴款书、机动车销售统一发票、收费公路通行费增值税电子普通发票, 取消认证确认、稽核比对、申报抵扣的期限。纳税人在进行增值税纳税申报时, 应当通过省 (自治区、直辖市和计划单列市) 增值税发票综合服务平台对上述扣税凭证信息进行用途确认。

增值税一般纳税人取得的 2016 年 12 月 31 日及以前开具的增值税专用发票、海关进口增值税专用缴款书、机动车销售统一发票, 超过认证确认、稽核比对、申报抵扣期限, 但符合相关条件的, 仍可按照《国家税务总局关于逾期增值税扣税凭证抵扣问题的公告》(2011 年第 50 号, 国家税务总局公告 2017 年第 36 号、2018 年第 31 号修改)、《国家税务总局关于未按期申报抵扣增值税扣税凭证有关问题的公告》(2011 年第 78 号, 国家税务总局公告 2018 年第 31 号修改) 规定, 继续抵扣其进项税额。

这段的话的意思就是, 一般纳税人取得 2020 年 1 月 1 日及以后开具的增值税专用发票、海关进口增值税专用缴款书、机动车销售统一发票、收费公路通行费增值税电子普通发票, 不再受之前 360 日认证确认、稽核比对、申报抵扣期限的限制。

财务主管说

跨 年 抵 扣

问:A 公司于 2021 年 3 月取得 B 公司于 2019 年 10 月开具的增值税专用发票, 还能抵扣吗?

答: 根据国家税务总局公告 2019 年第 45 号规定, A 公司只要通过本省增值税发票综合服务平台对这张发票进行用途确认就可以用来抵扣。

对于 2017 年 1 月 1 日及以后开具的增值税专用发票、海关进口增值税专用缴款书、机动车销售统一发票、收费公路通行费增值税电子普通发票，就是超过了之前 360 日的认证期限，也可以在 2020 年 3 月 1 日后，通过本省（自治区、直辖市和计划单列市）增值税发票综合服务平台进行用途确认。

对于取得的 2016 年 12 月 31 日及以前开具的增值税专用发票、海关进口增值税专用缴款书、机动车销售统一发票、收费公路通行费增值税电子普通发票，已经超过了认证确认、稽核比对、申报抵扣期限，但符合相关条件的，仍然可以根据国家税务总局公告 2011 年第 50 号，国家税务总局公告 2017 年第 36 号、国家税务总局公告 2018 年第 31 号、国家税务总局公告 2011 年第 78 号，国家税务总局公告 2018 年第 31 号修改中的规定，继续抵扣其进项税额。

这里的相关条件是指由于以下情况造成的抵扣延迟：

（1）因自然灾害、社会突发事件等不可抗力造成的抵扣逾期；

（2）抵扣凭证发生意外情形（被盗、被抢、邮寄中丢失或被误投递）而导致的逾期；

（3）国家机关扣押抵扣凭证，使得纳税人无法正常抵税；

（4）税务机关网络故障等原因导致的抵扣逾期；

（5）买卖双方出现经济纠纷所造成的抵扣凭证传递不及时或纳税人办理税务变更、注销等事项时间过长导致的抵扣逾期；

（6）企业财务人员出现意外情形（死亡、突发重病或擅自离职）未办理交接导致抵扣逾期。

（7）其他情形。

如果是这几种原因造成的抵扣延迟，还是能继续抵扣进项税额的。

4.7 电子发票报销入账归档要注意什么

工作中，小王经常收到电子发票，自己也经常开电子发票给其他企业，因为方便啊。不过关于电子发票报销、入账、归档的问题，小王还不怎么清楚。

随着电子商务、电子政务的发展，电子发票越来越普及，为了规范电子会计凭证的报销入账归档，财政部和国家档案局于 2020 年 3 月联合发布了《关于规范电子会计凭证报销入账归档的通知》（财会〔2020〕6 号，以下简称《通知》）。

《通知》中说明了电子会计凭证，是指单位从外部接收的电子形式的各类会计凭证，包括电子发票、财政电子票据、电子客票、电子行程单、电子海关专用缴款书、银行电子回单等。

《通知》表明，这些电子会计凭证只要来源合法、真实就跟纸质会计凭证具有同等法律效力。企业如果以电子会计凭证的纸质打印件作为报销入账归档的，还要同时保存该纸质件的电子会计凭证，也就是必须保存 OFD 源文件，不得以截图等其他形式保存。除法律、行政法规另外规定外，单位满足以下几个条件的可以使用电子会计凭证进行报销入账归档，不用再另外保存纸质形式：

（1）接收的电子会计凭证经查验合法、真实；

（2）电子会计凭证的传输、存储安全、可靠，对电子会计凭证的任何篡改能够及时被发现；

（3）使用的会计核算系统能够准确、完整、有效接收和读取电子会计凭证及其元数据，能够按照国家统一的会计制度完成会计核算业务，能够按照国家档案行政管理部门规定格式输出电子会计凭证及其元数据，设定了经办、审核、审批等必要的审签程序，且能有效防止电子会计凭证重复入账；

（4）电子会计凭证的归档及管理符合《会计档案管理办法》（财政部国家档案局令第 79 号）等要求。

4.8　怎样预防电子发票重复报销和被恶意篡改

自从干了会计，小王格外留心相关的新闻。一天看报道说有人将电子发票重复报销，还有人将电子发票篡改了报销，小王有些担心。为了防止自己以后被蒙蔽，小王开始努力收集预防篡改的措施。

常见电子发票的报销方式有两种：一种就是将收到的电子发票打印成纸质文件，用传统办法粘贴报销；另一种就是直接将电子发票保存在适当的媒介中，在报销凭证上注明电子发票详细的存放地点及进入路径，也就是以电子的形式进行归档保存。

电子发票在报销过程中会出现真假难辨和重复报销的问题，这是因为电子发票的特性造成的。电子发票与传统纸质发票不同，因为没有纸质发票的防伪纸张，这导致它容易被篡改、伪造，并且被篡改后的发票很难辨别其真假。此外，电子发票还可以多次重复打印，这样会带来重复报销的问题。

对于电子发票的真伪问题，财务人员可以登录国家税务总局全国增值税发票查验平台（https://inv-veri.chinatax.gov.cn/）进行真伪的查询。

对于电子发票重复报销问题，财务人员可以采用自制 Excel 发票平台的办法来解决。为了能一眼看到重复报销的发票，大家可以选中发票号码栏后，通过"开始—条件格式—突出显示单元格规则—重复值—选择重复显示的颜色"设置一个鲜艳的颜色来突出。将每次收到的电子发票号码、金额等核心数据都记录下来，下次有人拿电子发票来报销时，先企业内部查询一下，看看是不是有重复报销的情况，确认真伪后再备案记录在发票平台上。不过这种方式耗时耗力，还容易产生出错。

序号	开具日期	发票号码	金额	报销人	备注
1	2020 年 4 月 20 日	12457890	3 000	A	2020 年 4 月 23 日已报
2					
3					

财务人员还可以借助手机中的工具来解决重复报销的问题。现在微信小程序中有一些电子发票工具，财务人员进入微信小程序搜索一下，选择一款适合自己的小程序进行防伪查询、台账管理。

此外，现在一些财税服务商也相应推出了自己的查验工具，操作上可能还不是很便利。还有一些公司推出了专业的发票查验产品，支持多种采集手段（如扫描枪、手机等）。如果企业需要查询的电子发票非常多，可以考虑购买这样的产品节省时间。

4.9 电子专票全流程电子化管理常见问题及解答

1. 电子专票作为电子会计凭证其法律效力如何

电子会计凭证是指以电子形式生成、传输、存储的各类会计凭证，包括电子原始凭证、电子记账凭证。根据这个定义，电子专票属于电子原始凭证。根据国家的法律法规，来源合法、真实的电子专票作为电子会计凭证，其法律效力与纸质会计凭证相同，并且还可以作为电子档案进行保存归档。

2. 怎样查验电子专票的真伪

与纸质专票不同，电子专票采用更加可靠的电子签名代替了原发票专用章，并且还采用了经过税务数字证书签名的电子发票监制章代替了原来的发票监制章。

纳税人收到电子专票后，可以通过全国增值税发票查验平台（https://inv-veri.chinatax.gov.cn）检验电子专票的真伪。具体方法如下：

（1）验证电子签名

从该平台上下载增值税电子发票版式文件阅读器，安装好之后，通过这个阅读器打开下载的电子专票版式文件，将鼠标移动到左下角"销售方"相关信息处，点击鼠标右键，出现一个提示框，点击"验证"按钮，如果弹出"该签章有效！受该签章保护的文档内容未被修改。该签章之后的文档内容无变更。"这说明销售方的电子签名是有效的。

（2）验证电子发票监制章

用鼠标右键点击发票上方椭圆形的电子发票监制章，出现"验证"按钮，点击确认，如果验证结果显示签章有效，则说明该发票的电子发票监制章是有效的。

（3）纳税人还可以在该平台，通过录入发票代码、发票号码、开票日期、发票校验码等字段，对电子专票信息进行查验，看其具体信息是否完全一致。

3.收到的电子专票可以申请抵扣进项税额或出口退税、代办退税吗

当然可以。受票方取得电子专票后，可以在增值税发票综合服务平台确认该电子专票到底是用于抵扣增值税进项税额，还是申请出口退税或代办退税。

4.什么样的电子专票可以报销入账归档

根据财会〔2020〕6号文规定，电子专票需要同时满足以下几点，可以仅使用电子专票进行报销入账归档：

（1）接收的电子会计凭证经查验合法、真实；

（2）电子会计凭证的传输、存储安全、可靠，对电子会计凭证的任何篡改能够及时被发现；

（3）使用的会计核算系统能够准确、完整、有效接收和读取电子会计凭证及其元数据，能够按照国家统一的会计制度完成会计核算业务，能够按照国家档案行政管理部门规定格式输出电子会计凭证及其元数据，设定了经办、审核、审批等必要的审签程序，且能有效防止电子会计凭证重复入账；

（4）电子会计凭证的归档及管理符合《会计档案管理办法》（财政部国家档案局令第79号）等要求。

如果企业采用电子专票进行报销、入账，并且企业财务信息系统还能导出符合国家档案部门规定的电子归档格式的，应将电子专票跟其他电子会计凭证一起归档保存，企业可以不用再打印和保存电子专票的纸质版；如果企业达不到这样的要求，那么就采用电子专票纸质打印报销、入账，这时电子专票跟纸质打印件都要保存。

5.电子专票的纸质打印件可以单独作为报销入账归档的依据吗

不可以。不管企业采用纸质形式还是电子形式进行报销、入账，只

要接收的是电子专票，电子专票都必须要归档保存。满足法律法规规定条件的企业可以不保存打印的纸质电子专票，但必须要保存电子专票的原始文件。

6. 怎样防范电子专票纸质打印件的重复报销入账

为了避免电子专票的重复报销入账，各企业要建立完善的内控机制，比如，在报销入账时对发票代码、号码进行查重处理。如果企业还是采用纯手工记账，可以通过自建电子表格等方式，建立已入账电子发票手工台账，来防范重复报销、入账等风险；如果企业使用了财务信息系统，可以建立电子发票的数据库，通过系统自动对比，来防范电子专票的重复报销、入账等风险。

4.10　电子发票怎样归档保存

随着电子发票的普及，企业应该怎样归档保存这些电子发票呢？这个要根据企业的不同情况，采取不同的方法。

1. 已建立电子档案管理系统，并实施了会计信息系统的企业

如果这类企业跟电子发票相关的记账凭证、报销凭证等都已经全部实现了电子化（不包括纸质凭证扫描，下同），那么就可以将电子发票跟相关的记账凭证、报销凭证等电子会计凭证通过归档接口或手工导入电子档案管理系统进行整理、归档并长期保存。企业可参照《企业电子文件归档和电子档案管理指南》进行归档处理。

如果这类企业跟电子发票相关的记账凭证、报销凭证等还没有实现电子化，那么可单独将电子发票通过归档接口或手工导入电子档案管理系统进行整理、归档并长期保存。企业可参照《企业电子文件归档电子档案管理指南》进行整理、归档并长期保存。

2. 没有建立电子档案管理系统，但实施了会计信息系统的企业

如果这类企业跟电子发票相关的记账凭证、报销凭证等全部实现了电子化，那么就可以将电子发票与相关的记账凭证、报销凭证等移交给会计档案管理人员保存。

会计档案管理人员在保存这些电子资料时，建议按照如下方式建立

编制档号、存储结构、电子会计档案台账或目录:

序号	档号	凭证号	摘要	凭证日期	电子凭证件数	备注

3. 没有建立电子档案管理系统,也没有实施会计信息系统的企业

如果这类企业跟电子发票相关的记账凭证、报销凭证还没有实现电子化,那么当电子发票以电子形式移交给会计档案管理人员保存时,会计档案管理人员可以按照如下方式建立存储结构、电子发票台账或目录:

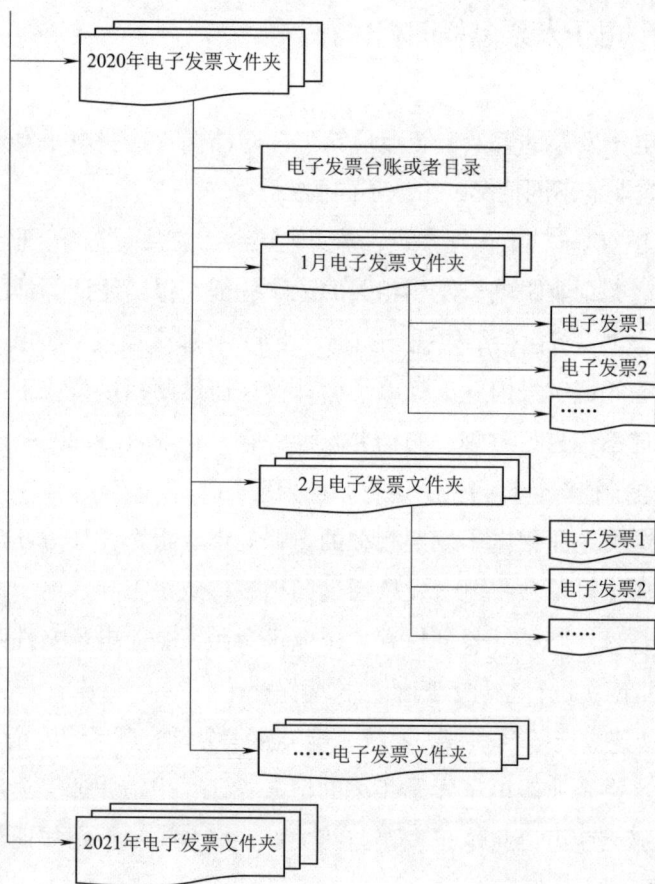

2020年凭证文件夹

台账或者目录文件

1月凭证文件夹

凭证1文件夹

记账凭证1

报销凭证1

电子凭证1

其他附件

凭证2文件夹

记账凭证2

报销凭证2

电子凭证2

其他附件

凭证3文件夹

记账凭证n

报销凭证n

电子凭证n

其他附件

……

2月凭证文件夹

……

……凭证文件夹

2021年凭证文件夹

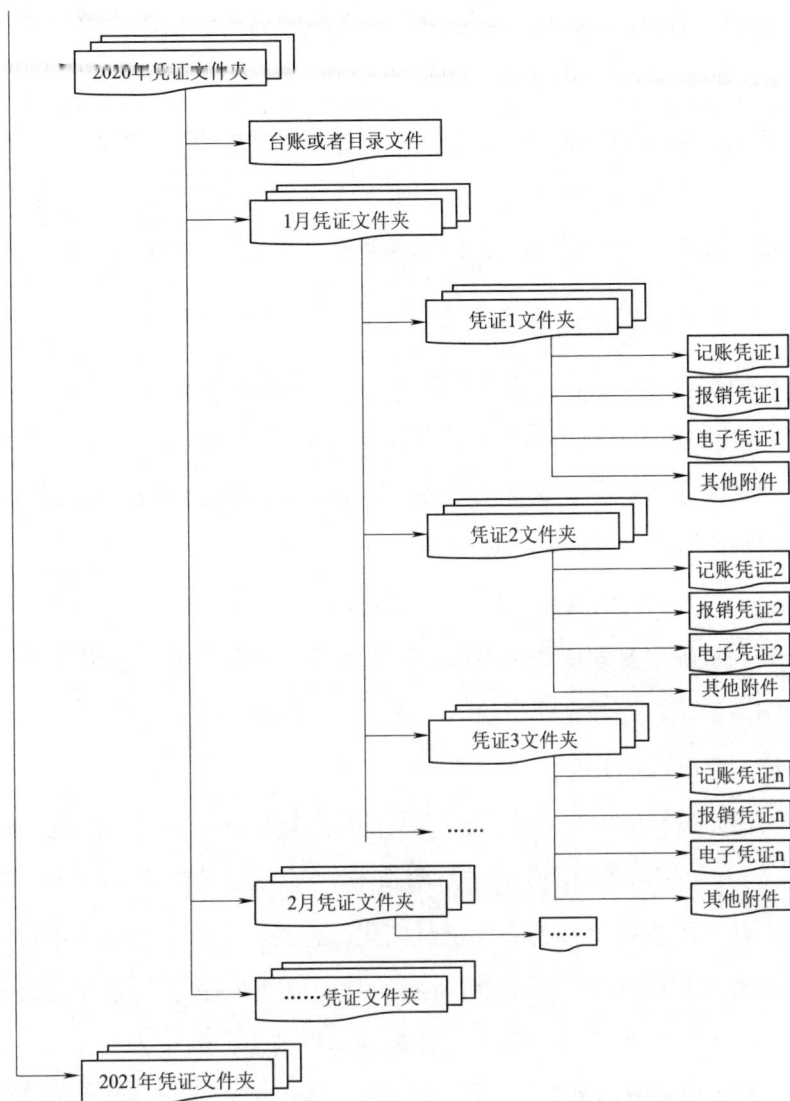

序号	纳税人识别号	年度	交易事项	开票方名称	发票号码	开具日期	报销单据号	记账凭证号	文件名称	备注

为了保证企业所保存的电子发票在规定的保管期限内不会丢失，并能被读取，企业要多重备份，并定期检查。

4.11 税务 UKey、税控盘、金税盘怎样抄报税、清卡

进行抄税前，主管提示小王："虽然抄报税的操作十分简单，但是我们也应当做好事前的准备工作，防止出现异常。报完税后，不代表这个月的报税工作就彻底结束了，我们还要进行最后一步操作——税控设备清卡。"小王问主管，应该怎么抄报税和清卡呢？

所谓抄税就是纳税人将当月开出的发票全部记入发票 IC 卡（现在是盘），报税就是将抄报的数据报送到税务局系统。所谓抄报税就是将纳税人开票信息报送税务局系统的过程。所谓清卡，就是纳税人将税控设备中的纳税期限调整成新区间的一步操作。

每个月月初，纳税人需要在开票软件进行"上报汇总"，将企业上个月的开票情况上报到税务局系统，让税务局知道各企业开了多少票，需要缴纳多少税款，等企业报税的时候，税务局系统会进行票表核对，看看纳税人缴税是否正确。

纳税人纳税申报完成后，还需要在开票软件里进行"反写监控"（税务 UKey 和税控盘的叫法）或"远程清卡"（金税盘的叫法）的操作，目的是将开票系统里上月的数据进行归集，将纳税期限调整成新的区间，这跟做账时结账转入下月类似。注意不管是"反写监控"还是"清卡"都需要在锁死期内完成，否则税控盘就会被锁住，纳税人就开不了票，只能到税务机关解锁了。

不过，现在网络很发达，纳税人联网状态下在线使用增值税发票管理系统开完发票后，系统自动就将开票信息上传到税务机关的系统。如果没有自动抄报，纳税人也可以手工抄报。抄报之后，纳税人在征期内就可以进行纳税申报、税款缴纳等步骤，申报成功后就可以"反写监控"或"清卡"了。

纳税人抄报税、清卡的顺序是按照"上报汇总""纳税申报""反写监控"/"清卡"顺序进行的，现以税务 UKey、税控盘、金税盘三大开票

系统，在 2021 年 2 月纳税申报期（截止日期 2021 年 2 月 23 日）具体说明一下。

1. 税务 UKey

（1）自动抄报方法

如果开票电脑联网稳定，且保证开票软件中的服务器地址和端口号正确，那么登录开票软件就会自动上报汇总（也就是抄报税），等纳税申报完成后，再次打开开票软件，会自动反写。这时需要核对一下开票截止日期是否更新到 2021 年 2 月 23 日左右。

如果自动抄报没有成功，或者开票截止日期没有更新，则按照下面步骤手工抄报。

（2）手工抄报方法

①上报汇总

点击菜单页面的"数据管理""汇总上传""上报汇总"。

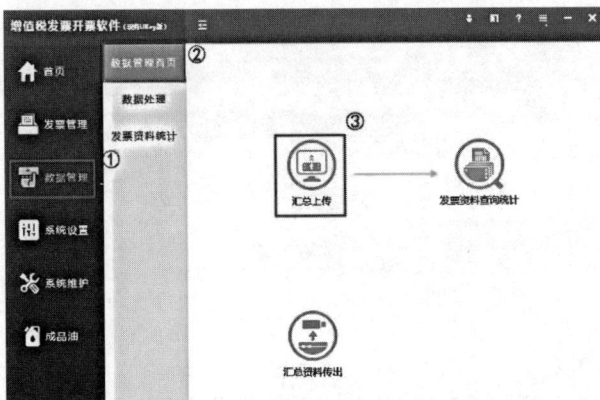

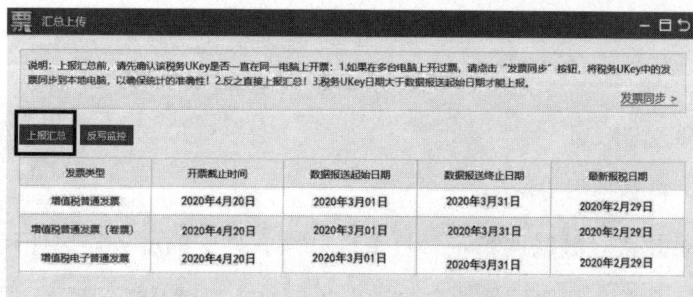

②网上申报

纳税人网上申报完成后，检查一下是否申报成功。

③反写监控

纳税人进入开票系统，点击"数据管理""汇总上传""反写监控"即可。

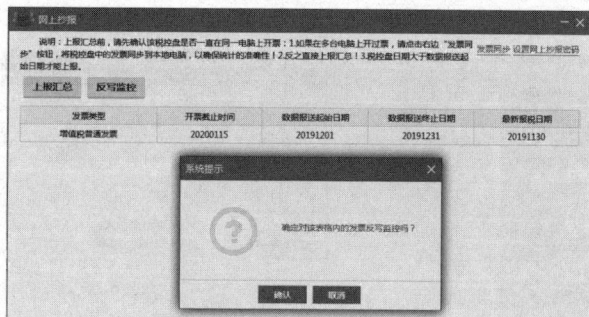

④确认成功

纳税人进入开票系统，点击"系统操作""税务 UKey 设置""税务

UKey 状态信息"菜单，点击"监控管理信息"列表，查看各种类型发票的开票日期是否更新，如果更新，说明手工抄报税成功。

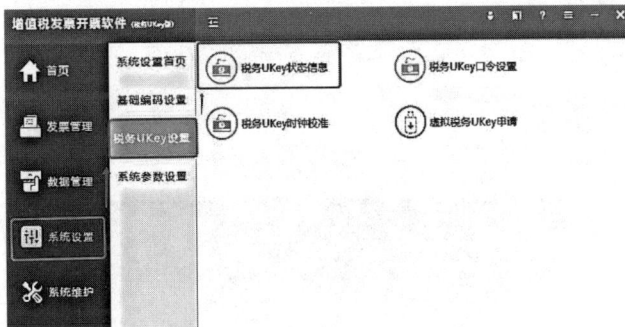

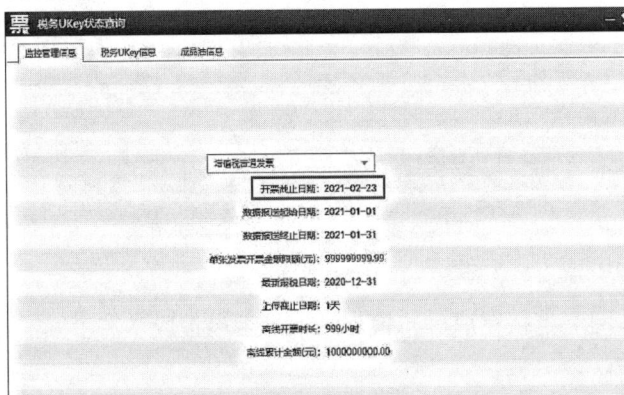

2. 税控盘

（1）自动抄报方法

跟税务 UKey 一样，保证网络的稳定和端口的正确，登录开票软件后，系统会自动进行上报汇总，等企业纳税申报完成后，再打开开票软件，系统会自动反写，检查一下开票截止日期是否已经更新到 2021 年 2 月 23 日，如果已经更新则意味着自动抄报税已经完成，如果没有，或者自动抄报没有成功，则按下面步骤进行手工抄报税。

（2）手工抄报

①上报汇总

先点击菜单页面的"数据管理""汇总上传""上报汇总"即可。

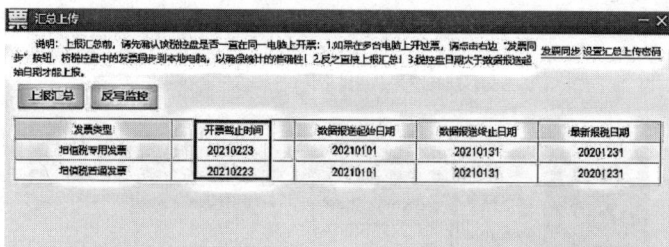

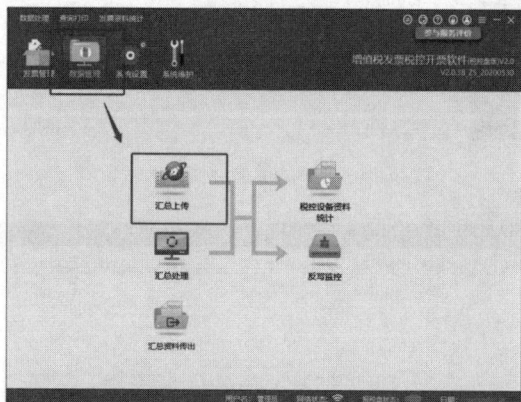

②网上申报

纳税人网上申报完成后，检查一下是否申报成功。

③反写监控

纳税人进入开票系统，点击"数据管理""汇总上传""反写监控"即可。

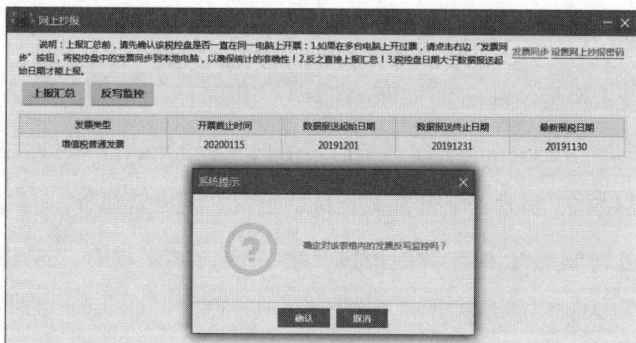

④确认成功

完成上面的步骤后，纳税人重新点开开票系统中的汇总上传界面，查看各种类型的发票是否更新到正确的日期，如果更新说明手工抄报成功。

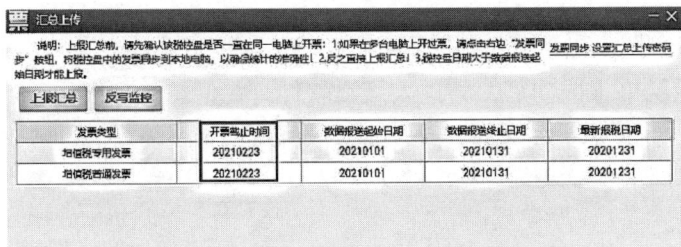

3．金税盘

（1）检查金税盘清卡是否成功

使用金税盘开票的纳税人完成税款缴纳后，重新进入开票系统，点击"汇总处理"菜单下的"远程清卡"即可完成清卡。完成后，纳税人需重新进入开票系统，点击页面上的"汇总处理""状态查询""增值税专用发票及增值税普通发票"，看清卡是否成功。

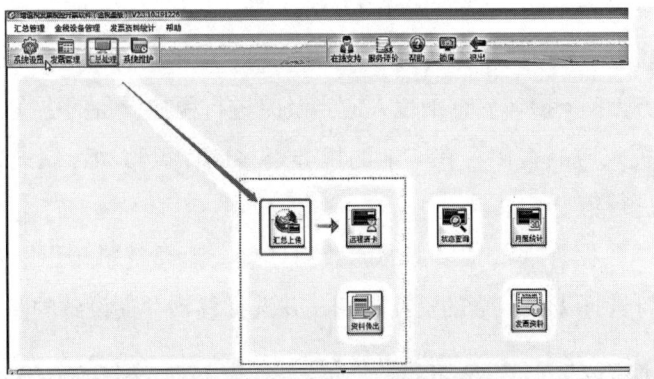

如果弹出的页面显示：

锁死日期：2021年2月。

上次报税日期：2021年1月1日00时00分。

报税资料：无。

这说明1月份已经完成了清卡工作，如果没有完成则按照以下步骤手工完成。

（2）手工抄报税

①登录开票系统，点击"汇总处理""汇总上传"（一般情况是自动汇总上报）；

②进行网上申报；

③纳税申报成功后，再进入开票软件，在汇总处理模块，点击"远程清卡"即可（一般情况下，完成纳税申报后，再次打开开票系统，系统会自动清卡）。

4.12　抄税、清卡中常见问题解答

抄税、清卡看起来简单易操作，但有时也会遇到一些问题，现将这些问题及解决办法总结如下：

1.税控设备损坏，企业开票数据无法正常汇报如何处理

日常工作中，纳税人很可能会遇到在申报期内，税控设备被损坏的突发情况，开票数据就无法通过税控设备正常申报。这时纳税人应该根据所用开票设备不同，按照不同的方法处理。

（1）税务UKey的数据传出

①税务UKey损坏后，纳税人应当及时进行税控设备的更换。

②纳税人应当将储存在本地的税务资料储存至移动存储设备中，前往税务局进行信息补录。

点击"数据管理"菜单下的"数据处理—汇总资料传出"项，在传出设置窗口选择需要传输的资料周期，并选择移动存储设备的路径即可。

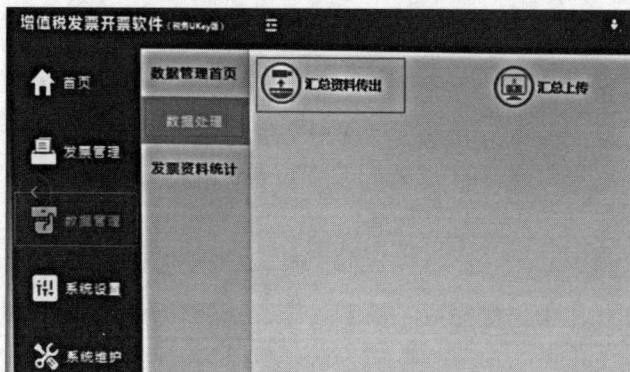

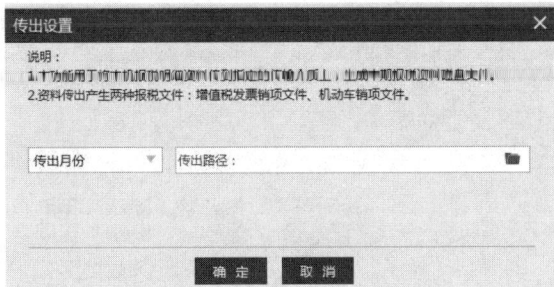

③携带保存有税务资料的移动存储设备前往税务局进行开票数据采集。

（2）税控盘的数据传出

①提交税控盘更换申请。

②在 PC 端税控操作软件点击"数据处理"菜单下的"汇总资料传出"，选择相应的信息，导出数据。

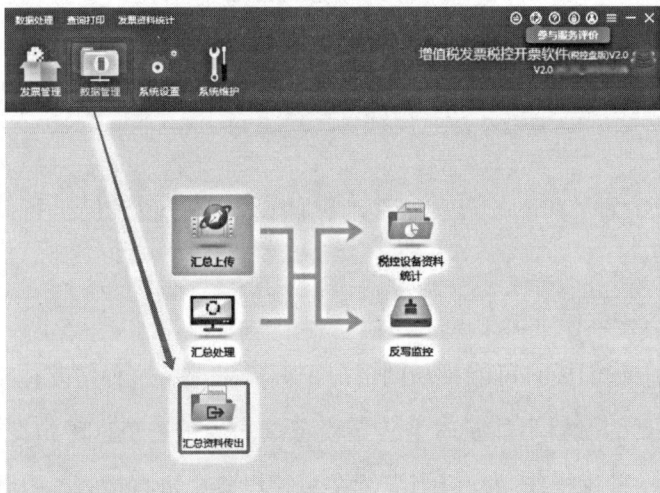

③携带保存有税务资料的移动存储设备前往税务局进行开票数据采集。

（3）金税盘的数据传出

①提交税控盘的更换申请。

②在"汇总处理"菜单下选择"资料传出"选项，选择相应的信息进行导出。

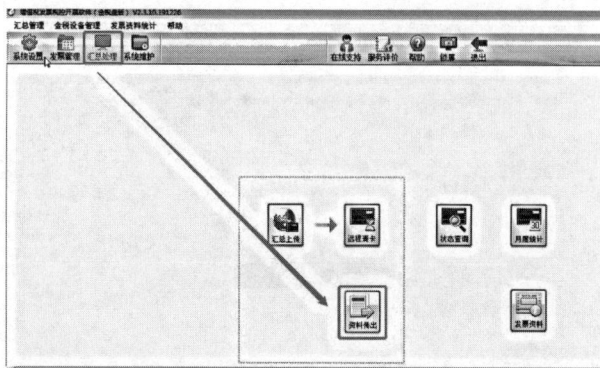

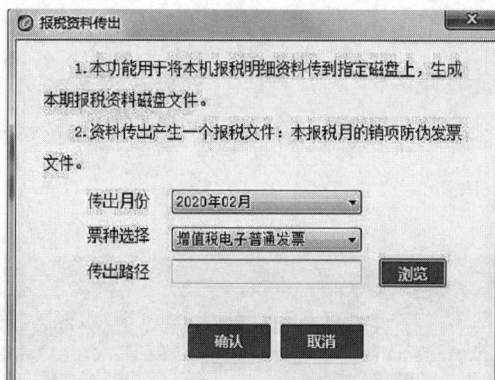

③携带保存有税务资料的移动存储设备前往税务局进行开票数据采集。

2. 抄税中如何确认是否有未上传发票

工作中我们极有可能在断网情况下开具发票，这种情况往往会导致纳税人开具的发票不能及时上传至税务端。为了避免这种情况的发生，我们在进行抄税操作后，应当继续在税控设备中进行检查。具体的检查步骤如下：

税务 UKey：在"发票管理"项目下的"发票查询管理—未上传发票查询"中进行检索。

金税盘：在"发票管理"项目下的"发票查询"中检索。

税控盘：在"发票管理"项目下的"发票查询管理—未上传发票查询"中进行检索。

如上述操作未检测出数据，则证明本期没有未上传发票，如果检索出数据，我们就要对该未上传发票的信息再次进行上传。具体步骤如下：

税务 UKey：在"发票管理"项目下点击"发票查询管理—未上传发票查询—上传"按钮进行发票上传。

金税盘：在"发票管理"项目下点击"发票修复管理—发票修复"按钮进行发票修复，然后进入"发票查询"界面上传未上传发票。

税控盘：在"发票管理"项目下点击"发票查询管理—未上传发票查询—上传"按钮进行发票上传。

3. 开票系统重装后，登录密码是什么

如果开票计算机出现问题需要更换其他计算机或需要重装系统，那么就要重新安装开票软件。开票软件重新安装后，会显示管理员登录，登录密码更新成 123456，证书口令一般还是 1~8 或税号后 8 位。初始化设置后，需要填写的就是与公司相关的信息，其他直接点击下一步即可。

4. 在申报软件中申报，系统提示未抄报，怎么办

虽然纳税申报不对比抄报和申报信息就能申报成功，但是需要在税控盘中先抄报，要有抄报信息。如果已经在开票软件中点击了抄报，还提示未抄报的，稍等一下再试。

5. 如果提示金税盘处于锁死期，怎么办

纳税人要记得，不管每月开不开票，都需要报税，报完税后都需要完成清卡。如果纳税人在征期内没有完成清卡流程，则系统就会提示"已到锁死期"。这时纳税人可检查开票软件，看其是否升级到 V2.3.11.200530 版本，一般情况下，这个版本重新登录就可完成逾期清卡。如果还是不行，那办税人员就携带本人身份证、金税盘、营业执照副本、公章及纳税申报表（具体所需资料以当地税务局为准）去办税服务大厅，请税务人员完成清卡。

6. 月初金税盘不能开发票，怎么办

这可能是因为征期内抄税没有成功引起的，需要手动执行"汇总处

理""汇总上传"，上传成功后就能开具发票了。

现在开票系统通常都会自动抄税，月初没有抄税的原因有以下几点：

（1）上报汇总时网络断开，导致无法连接到税务局服务器；

（2）上月有离线发票没有报送；

（3）上月对金税盘做了非征期抄税后，没有完成清卡流程，也就是征期完成清卡后，又到办税厅做了抄税，这种情况需要纳税人携带相关资料再去税务大厅进行清卡操作；

（4）单机版开票软件没有登录，只有重新登录开票软件满足抄报税条件后才能上报汇总。

4.13 如何进行发票的抵扣勾选

完成了抄税操作后，纳税人要进入增值税发票综合服务平台做进项税额的抵扣勾选。纳税人连接税控设备，输入税控设备的证书密码后就可以登录该平台了。这时可以看到如下界面：

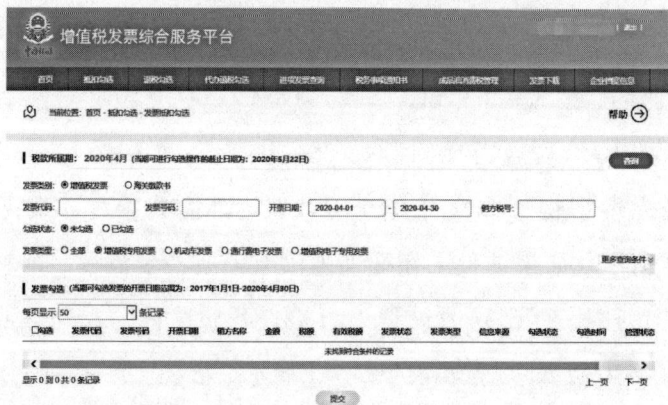

在该页面上，我们可以进行发票的查询和勾选。该页面的上半部分能通过"发票类别""发票代码""发票号码""开票日期""销方税号""勾选状态""发票类型"等多个选项查询企业拥有的增值税专用发票抵扣联信息。

在完成查询后，发票信息会显示在页面下半部分的"发票勾选"当中，纳税人可以根据实际情况选择应当勾选的增值税专用发票。

在勾选某一发票后，该系统会将"有效税额"一栏变为可编辑状态。纳税人可以自行修改并输入实际发生的有效税额。

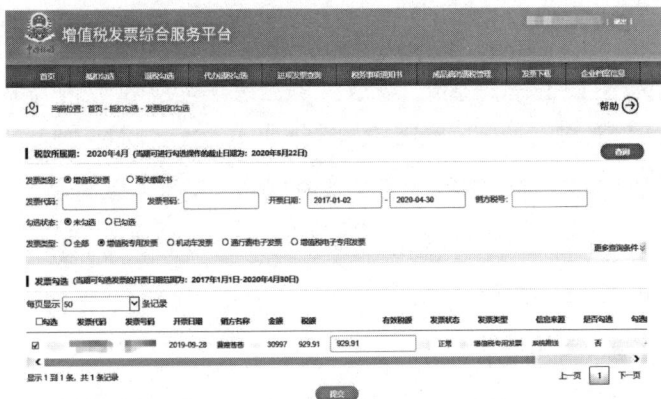

当纳税人将全部需要当期勾选的发票勾选完毕后，就可以直接点击页面底部的"提交"按钮，完成发票的勾选工作。此时，系统会弹出本次勾选的发票金额合计、税额合计和有效税额等信息，点击"确认"后即可完成发票的确认抵扣。

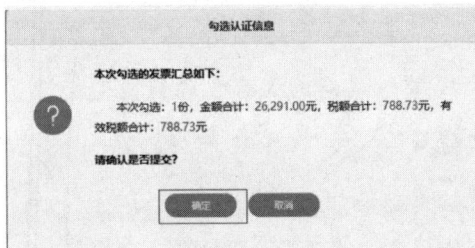

4.14　勾选发票时，如果没查询到发票信息，怎么办

抄税结束后，主管教小王怎么在增值税发票综合服务平台进行进项税额的抵扣勾选，然后让小王自己练习。小王在勾选操作时发现，自

已手里有一张可抵扣发票竟然查询不到，这是怎么回事？又应该怎么处理呢？

实际工作中纳税人很可能遇到在增值税发票综合服务平台查询不到可抵扣发票信息的情况，遇到这种情况应当如何处理呢？

首先，在遇到这种情况时，纳税人应当通过增值税发票查验平台对未显示信息的发票进行查验，如果该平台无发票信息，此时我们就应当联系对方公司，核实对方是否已经将该发票完成了上传。同时我们应当核对该发票的信息，核实是否是因为发票内容有误导致系统未显示发票信息。

如果该平台存在发票信息且发票开具无异常的，我们在确认该发票确实存在后，应当继续在增值税发票综合服务平台的"异常发票"栏位查询该发票是否为作废、红冲和失控的发票。

如果发票也没有异常，此时我们应当查询以前月份的勾选记录，对比该发票的信息，看该发票是否已经在以前的纳税期限内进行了勾选确认。

如果以前各个期间内也没有进行该发票的勾选，此时，我们应当将该发票带至税务机关进行线下扫描认证。扫描认证后，纳税人就可以进入增值税发票综合服务平台进行勾选。

勾 选 发 票

每个税款所属期的勾选、确认时间范围怎么计算？

勾选、确认操作时间（不包含退税、代办退税的勾选）范围为：当期已纳税申报结束或征期结束后（看这两个时间谁在前，谁就当作开始时间），到下期申报当天或征期结束当天（谁在前谁就作为终止时间），这段时间都是勾选可操作期间。

财务主管说

4.15 发票抵扣勾选时需注意些什么

在增值税发票综合服务平台勾选用于抵扣的发票时，需要注意以下几点：

（1）在勾选所要抵扣的发票时，要先看看抵扣勾选功能界面的税款所属期和申报截止日期，看看自己所勾选的发票是不是属于当前税款所属期，比如，2021年6月初进行抵扣勾选时，6月份刚收到的发票就不能勾选，因为6月申报的税款所属期是5月份。

（2）已经勾选的发票可以在"发票勾选"模块中撤销勾选。

（3）对于已经勾选用来抵扣的发票，一般情况下默认是全额抵扣，如果实际情况不是全额申报抵扣，那么勾选后，可在"有效税额"中自行调整抵扣税额。

（4）每个税款所属期可以进行多次勾选与撤销勾选操作，发现有误赶紧进行撤销操作。

（5）发票状态为异常发票（作废、失控、红冲等）不能进行勾选操作。

注意：完成发票抵扣认证需要发票勾选（抵扣勾选、抵扣批量勾选），发票确认两步操作。

（6）如果勾选的发票还没有完成认证，需要完成确认操作，才能视为认证完成。

转登记纳税人确认

转登记纳税人怎么进行选择确认？

①如果转登记纳税人是在转登记日当期已经取得的发票，则可通过平台进行选择确认；

②如果是转登记纳税人在转登记日当期还没取得的发票，则取得发票后，由当地税务机关为其办理选择确认。

财务主管说

（7）扫描认证的发票已经默认勾选为抵扣，不需要再进行勾选操作，这样的发票也支持撤销勾选操作。

（8）如果需要勾选的发票较多，纳税人可设置查询条件，然后分批次勾选，也可以使用"批量勾选"这个功能来完成。

（9）如果已经取得的发票在发票抵扣勾选时查询不到，那么就到"进项发票查询"模块重新查询并核实；注意销售方离线开具的发票，在平台无法查询到，需要等销售方上传发票信息到税务局端后，才能在该平台查询到；如果不是因为这些原因，还是查询不到，那就到全国发票查验平台看看这张发票是不是存在。

（10）"抵扣勾选统计"功能很强大，不仅支持对当前税款所属期勾选数据的统计，还支持对历史属期统计数据的查询，此外还能将认证明细数据都导出来。

（11）申报期内，如果在"抵扣勾选统计"模块进行申请统计，那么系统将锁定当期的勾选操作；这时如果还想继续勾选发票，那么就需要撤销"抵扣勾选统计"，等撤销成功后就又可以继续进行发票勾选或撤销勾选的操作了。

（12）申报期内，如果已经完成当前税款所属期发票的勾选操作，那么需要在"抵扣勾选统计"功能中进行确认操作；注意已确认的发票不允许也不支持撤销，所以确认前请仔细核实，不要出错；确认提交后，平台会提供本次确认汇总数据表以及当期税款所属期累计确认的汇总数据，并可导出 PDF 文件，自行打印。

（13）往期已确认勾选的发票明细可以通过"确认历史明细"模块进行查看。纳税人可点通过"查询""确认历史明细"，选择想要查询的"税款所属期"进行查看。

（14）如果看到高亮显示的发票信息，请尽快完成勾选认证，因为这些发票是本征收期结束后即将逾期的发票。

（15）如果企业当月没有需要勾选的发票数据，则不用执行勾选确认操作。

勾 选 发 票

　　如果企业勾选好的发票丢失、损坏或对方开错作废了，应该怎么处理？如果企业勾选完已经确认并申报抵扣了，又应该怎么处理？

　　如果在发票勾选确认前，那么这些问题发票可以在"发票勾选"模块中撤销勾选；如果已经确认后又变成异常发票，可在申报抵扣以后再做相应的税务处理。

财务主管说

4.16　发票退税／代办退税勾选时要注意些什么

　　纳税人使用增值税发票综合服务平台进行发票退税或代办退税勾选时，需要注意些什么呢？

　　1. 发票退税

　　（1）纳税人可以使用平台中的"发票退税勾选"模块勾选那些发票状态、管理状态正常的发票，那些已作废、已红冲、已失控、管理状态非正常等异常发票则不能勾选。

　　注意：

　　完成发票退税认证需要发票勾选（退税勾选、退税批量勾选），发票确认（退税确认勾选）两步操作。

　　（2）发票退税勾选跟发票抵扣勾选一样，每个自然月内可以进行多次勾选操作。

　　（3）如果发票已勾选但还没有进行确认，那么还能进行撤销勾选操作，如果已经确认则不再支持撤销勾选操作。

　　（4）那些出口退税企业，如，外贸企业、外综服企业或其他企业的出口退税都可通过该模块进行发票退税勾选；勾选确认的发票归属于当前自然月；勾选成功后，还需要进行确认，需要在"退税确认勾选"功能中对已经勾选为退税用途的发票进行确认，只有确认成功后才算完成退税发票的认证工作。

（5）如果已经取得的发票在发票退税勾选时查询不到，可以去进项发票查询模块进行查询核实。

（6）办理出口退税申报时，如果系统提示"该发票信息不存在"，纳税人先进入增值税发票综合服务平台，在平台中查询这张发票的用途，看其是用于出口退税或代办退税，还是用于抵扣，如果没有选择退税，系统则会发出"该发票信息不存在"的提示。

如果确实没有选择退税用途，则企业可以这样解决：

第一种：发票已经用于申报纳税，如果可以撤销或作废申报，纳税人可先在发票综合服务平台进行"回退税款所属期"操作，然后撤销"确认签名"，再撤销抵扣勾选，最后重新进行出口退税勾选即可。

第二种：已经不能撤销或作废申报，这时企业应该向当地主管税务机关申请开具《增值税扣税凭证进项税额转出情况核实函》，将发票的用途改正过来。经过税务机关调整过的发票，企业不需要再在平台上操作了。

注意：

完成发票代办退税认证需要发票勾选（代办退税勾选）一步操作，代办退税认证勾选即确认，且不可撤销。

如果企业已经正确勾选了发票的用途，还是出现"该发票信息不存在"的提示，则企业可以向出口退税主管部门提出电子信息查询，也可以直接去出口退税服务大厅办理，操作成功后，企业就可以正常申报出口退税了。

2. 代办退税

（1）企业类型为外综服企业或其他企业的出口退税可以使用"发票代办退税勾选"模块，注意"代办退税勾选"功能是一步操作，意思是勾选即确认，并且不可以撤销，勾选前一定要仔细核对。

（2）"代办退税勾选"功能只适用带有"代办退税专用"标识的增值税专用发票，并且这些专票要由增值税发票管理系统开具尚未认证，且发票状态、管理状态为正常，对于那些显示已作废、已红冲、已失控、管理状态非正常等异常发票均不可作为代办退税凭证进行勾选。

（3）如果已经取得的发票在"发票代办退税勾选"模块查询不到，那就到"进项发票查询"模块查询。

4.17　成品油票据认证注意事项

一天，主管让小王将这个月的进项发票认证一下。小王勾选过程中发现除了一张成品油抵扣发票没有在勾选页面外，其他的都勾选好了。关于成品油的发票认证，小王以前没有操作过，于是就去向主管请教。

所谓成品油发票是指销售汽油、柴油、航空煤油、石脑油、溶剂油、润滑油、燃料油等成品油所开具的增值税专用发票和增值税普通发票。

在《关于成品油消费税征收管理有关问题的公告》（国家税务总局公告 2018 年第 1 号）中，国家税务总局规定所有成品油发票必须通过增值税发票管理系统中的成品油发票开具模块开具。需要开具成品油发票的纳税人，由主管税务机关开通成品油发票开具模块后方可开具。

成品油生产企业在进行成品油票据认证时要注意些什么呢？

（1）成品油票据认证勾选即认证，也就说，纳税人通过增值税发票综合服务平台中的"成品油发票认证"模块勾选认证成品油票据时，勾选认证就一步操作，不需要再次进行发票的确认操作，具体认证流程如下。

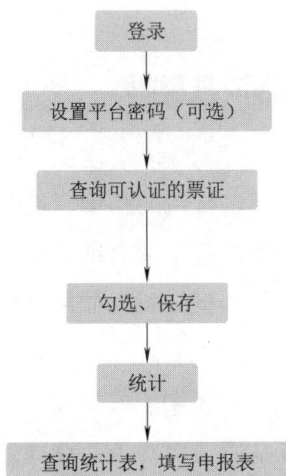

```
        登录
          ↓
   设置平台密码（可选）
          ↓
    查询可认证的票证
          ↓
      勾选、保存
          ↓
        统计
          ↓
  查询统计表，填写申报表
```

（2）成品油票据认证的操作期是当期已纳税申报结束或征期结束后（以谁在前面，谁就是开始时间）至下期申报当天或征期结束当天（以谁在前面，谁就是终止时间）。

（3）本次认证数据税款所属期由平台根据消费税申报结果的信息来判定。如果成品油票据是在消费税征期内认证的，但是成品油生产企业已经将当期消费税申报了，那么这次认证的票据将回退，下期再重新勾选认证即可；如果征期内成品油企业的消费税还没申报，那么系统会提示纳税人"尊敬的纳税人，目前尚未从征管系统中获取到您的申报结果，请您再次确认是否已完成本期消费税申报工作"，这时如果选择"未完成申报"，系统将提示"本次认证成功"。

有时，虽然已经完成了本期的纳税申报，但是如果获取申报结果异常或失败，系统则会提示企业"尊敬的纳税人，获取征管系统申报结果异常，请您确认是否已完成本期消费税申报工作"，如果企业已经完成了本期消费税的申报工作，那就选择"已完成申报"，则系统会提示企业"本次认证不成功，您需在下一期重新进行勾选认证"。

（4）成品油票据认证成功后，可以到"成品油认证统计"功能中查询认证统计情况，企业可自行打印或导出所认证票据的明细。

注意成品油认证统计报表中包含当期税款所属期（消费税）勾选认证的所有数据；并且该统计报表是实时更新的，企业可以从报表更新时间中看到具体更新时间；另外该报表统计的数据不包含认证后变为异常（失控、红字）的票据。

4.18　通行费发票都能抵税吗

通行费，是指纳税人经过收费的桥梁、道路和闸机时所缴纳给相关单位的通行费用。目前，通行费发票有纸质票和电子票两大类。这些发票都能进行增值税进项税额的抵扣吗？如果可以抵扣，那么应该怎样计算进项税额呢？

1. 通行费纸质发票

通行费纸质发票也就是通行费增值税普通发票，它是指纳税人以现金、支付宝、微信等形式缴款的，从人工窗口直接取得的通行费纸质发票。从 2019 年 1 月 1 日开始，只有过桥、过闸费纸质发票可以继续进行增值税进项税额的抵扣，其他通行费纸质发票已经不能再继续抵扣了，具体的规定如下表：

道路类别	能否抵扣规定	备注
高速公路	2018 年 6 月 30 日前仍可计算抵扣	从 2018 年 7 月 1 日开始，取得的纸质发票不得抵扣进项税额
	抵扣金额 = 通行费发票金额 ÷（1+3%）× 3%	
一、二级公路	2018 年 12 月 31 日前仍可抵扣进项税额	从 2019 年 1 月 1 日开始，取得的纸质发票已经不得抵扣进项税额
	抵扣金额 = 通行费发票金额 ÷（1 + 5%）× 5%	
桥闸通行费	抵扣金额 = 通行费发票金额 ÷（1 + 5%）× 5%	仍可继续抵扣进项税额

2. 通行费电子票据

通行费电子票据根据收费公路的不同类型分为收费公路通行费增值税电子普通发票（简称通行费电子发票）和收费公路通行费财政票据（电子）（简称通行费财政电子票据）两种类型。

（1）收费公路通行费增值税电子普通发票

收费公路通行费增值税电子普通发票共有两种格式：一种是左上角印制有"通行费"标志，且发票税率栏位显示适用税率或征收率的通行费电子发票（简称征税发票）；另一种是左上角没有"通行费"标志，且税率栏位显示"不征税"的通行费电子发票（简称不征税发票）。

收费公路通行费财政票据（电子）票样

纳税人通行经营性收费公路，由经营管理者开具征税发票，可按规定进行增值税进项税额的抵扣；需要抵扣的纳税人应当在申报纳税前在增值税电子发票综合服务平台进行用途确认，然后才能进行增值税进项税额的抵扣。如果纳税人采取充值方式预存通行费的，可由 ETC 客户服务机构开具不征税发票，这样的发票不得进行增值税进项税额的抵扣。

收费公路通行费增值税电子普通发票票样

（2）收费公路通行费财政票据（电子）

收费公路通行费财政票据（电子）是客户经过政府还贷公路（县级以上政府通过向个人或企业贷款建设的公路），由经营管理者开具财政部门统一监制的通行费财政电子票据。这类发票的税率栏次显示"不征税"，属于不征税发票，是不可以用来抵扣增值税进项税额的。

收费公路通行费财政票据（电子）票样

　　为方便通行费电子票据财务处理，纳税人可以通过通行费电子票据服务平台（简称服务平台）按一次或多次行程为单位，统一生成收费公路通行费电子票据汇总单（简称电子汇总单），用来当成已开具通行费电子票据的汇总信息证明材料。

　　一个 ETC 客户，一个月内通行了 10 次高速公路，平均每次通行涉及 9 家不同的收费公路经营管理单位。根据相关规定，该客户这个月最多可开具 90 张电子票据。如果按照传统的报销模式，该客户需要打印 90 张发票，然后还要一张张粘贴，这个工作量不是一般大。不过，该客户也可以直接在电子票务服务平台开具一张电子票据汇总单和一个含有 90 张电子票据的压缩包，这张电子票据汇总单上详细列出了该客户 10 次通行记录，像通行时间、出入口信息、通行费金额，以及行程对应的 90 张电子票据编码、具体金额及税额。根据相关规定，ETC 客户可直接将电子票据汇总单和包含 90 张电子票据的压缩包交给财务人员，进行入账报销，不用再打印纸质票据，从而实现了"多次通行，一次汇总，电子票据打包下载，无纸化报销归档"。

收费公路通行费增值税电子普通发票票样

通行费电子票据能否抵扣情况比较复杂，现总结如下表：

ETC 开票类型	特点	发票开具方	发票能否抵扣	补充说明
充值型发票	充值后就索取发票	ETC 客户服务机构	不征税发票，不能抵扣	实际发生通行费用后，ETC 客户服务机构或收费公路经营管理单位均不再向其开具发票
	实际发生通行费用后再索取发票	经营性收费公路：收费公路经营管理单位	征税发票，可以抵扣	—
		政府还贷性收费公路：ETC 客户服务机构	不征税发票，不能抵扣	可税前扣除
消费类型发票—经营性公路通行费	充值后不索取发票，等实际通行后再索取发票	收费公路经营管理单位	征税发票，可以抵扣	—
消费类型发票—政府还贷性收费公路通行费	充值后不索取发票，等实际通行后再索取发票	ETC 客户服务机构	不征税发票，不能抵扣	可税前扣除

对于征税发票，上面能抵扣的税额都写得清清楚楚，可以通过勾选认证抵扣来抵扣进项税额，对于桥闸通行费纸质发票，可以通过计算来抵扣进项税额。

4.19 不是所有的车票都能抵税

随着小王能力的不断提高，主管交给小王的任务也越来越复杂。这不，主管直接将一堆发票交给小王，让小王将里面能抵扣的发票挑出来，并计算这个月的进项税额。一般的进项发票很简单，但是对于一些车票小王有些迷糊，她只记得好像有些车票也能抵税，但不知道到底哪些车票可以抵扣，又能抵扣多少？

2019 年，财政部、税务总局、海关总署三部门联合发布了《关于深化增值税改革有关政策的公告》（财政部税务总局海关总署公告 2019 年第 39 号），公告规定，从 2019 年 4 月 1 日起，一般纳税人购进国内旅客运输服务，除取得增值税专用发票和增值税电子普通发票外，需凭注明旅客身份信息的航空运输电子客票行程单、铁路车票以及公路、水路等其他客票抵扣进项税额，未注明旅客身份信息的其他票证（手写无效），暂不允许作为扣税凭证。

从以上规定可以看出，企业购进国内旅客运输服务收到的以下几种车票是可以进行增值税进项税额抵扣的：

（1）购进国内旅客运输服务取得增值税专用发票的，可以直接按照发票上注明的税额进行抵扣。

（2）购进国内旅客运输服务取得增值税电子普通发票的，也可以按照发票注明的税额进行抵扣。

以上两种情形，纳税人取得的增值税专用发票和增值税电子普通发票的票面上必须注明税率和税款，否则将不得抵扣。比如，专票或者电子普票上注明的税款为"免税"，此时纳税人就不得将这两种发票进行税款抵扣。

"免税"

A公司是客运企业，享受新冠肺炎疫情期间提供公共交通运输服务免征增值税优惠政策，那么A公司开具的免征增值税电子普通发票，应当在税率或征收率栏次填写"免税"字样，客户如果取得这样的发票就不能用来抵扣进项税额，只能作为费用扣除。

财务主管说

如果企业购进国内旅客运输服务，没有取得增值税专用发票，也没有取得电子普票，但取得以下几种发票，则其进项税额也是可以从销项

税额中抵扣的，其进项税额按照以下的规定计算。

（3）取得注明旅客身份信息的航空运输电子客票行程单的，其进项税额按照以下公式进行计算：

航空旅客运输进项税额 =（票价 + 燃油附加费）÷（1+9%）×9%

（4）取得注明旅客身份信息的铁路车票的，其进项税额按照以下公式进行计算：

铁路旅客运输进项税额 = 票面金额 ÷（1+9%）×9%

（5）取得注明旅客身份信息的公路、水路等其他客票的，其进项税额按照以下公式进行计算：

公路、水路等其他旅客运输进项税额 = 票面金额 ÷（1+3%）×3%。

纳税人要注意，第（3）至（5）条的旅客车票，如果车票上未注明旅客信息，或者注明的旅客信息与纳税人无关，纳税人也不得按照以上公式计算并抵扣进项税额。比如，某企业取得的长途客运手撕客票，因为这样的车票上面没有注明旅客身份信息（手写无效），所以不能进行计算，也不能抵扣进项税额。

通过以上内容，我们可以将不得抵扣的旅客车票信息汇总如下：

（1）取得的增值税专用发票或者增值税电子普通发票为免税或者是零税率的不能扣除。

（2）未注明旅客信息的各类车票均不能扣除。

（3）上述各类车票虽然注明旅客信息，但其旅客不是与本单位签订劳动合同或者劳务合同的员工的不能扣除；就是签订劳动合同或劳务合同的员工，如果车票跟企业的生产经营活动无关，也不能用来抵扣进项税额，比如，用于福利、招待、免税项目活动的出差客票，还有员工出行旅游、回家过年所取得的客票等。

（4）公交车手撕票、纸质定额票不得扣除。

（5）有旅客信息的航空旅客运输电子客票行程单上注明的机场建设费等除票价和燃油附加费以外的费用不得扣除。

（6）不属于国内旅客运输服务的客票，不能用来抵扣进项税额。

4.20 什么是农产品销售发票

所谓农业生产者，是指从事农业（包括种植业、养殖业、林业、牧业、水产养殖业）生产的单位和个人。

农产品销售发票，是指农业生产者销售自产农产品适用免征增值税政策而开具的增值税普通发票，不包括批发零售环节纳税人销售免税农产品而开具的免税发票和小规模纳税人开具的增值税普通发票。

本节中能开具农产品销售发票的农业生产者是单位性质的，包括增值税小规模纳税人和增值税一般纳税人，所以可以自行开具增值税发票；而农产品收购发票中的农业生产者指的是个人，他们不能自行开具发票，只能由收购者代开或税务机关代开。

从事农业生产的单位到底指哪些单位呢？

2008年，财政部、国家税务总局发布了《关于农民专业合作社有关税收政策的通知》（财税〔2008〕81号），通知中规定，对农民专业合作社销售本社成员生产的农业产品，视同农业生产者销售自产农业产品免征增值税。

2013年，国家税务总局发布了《关于纳税人采取"公司+农户"经营模式销售畜禽有关增值税问题的公告》中规定，从2013年4月1日起，纳税人采取"公司+农户"经营模式从事畜禽饲养，即公司与农户签订委托养殖合同，向农户提供畜禽苗、饲料、兽药及疫苗等（所有权属于公司），农户饲养畜禽苗至成品后交付公司回收，公司将回收的成品畜禽用于销售。在上述经营模式下，纳税人回收再销售畜禽，属于农业生产者销售自产农产品，应根据《中华人民共和国增值税暂行条例》的有关规定免征增值税。

注意：小规模纳税人销售自产农产品适用免征增值税政策而开具的增值税普通发票可以计算抵扣进项税额，如果销售的是非自产农产品按 3% 征收率开具的增值税普通发票，则不能计算抵扣进项税额。

4.21 什么是农产品收购发票

农产品收购发票是收购农产品的单位，向农业生产者个人（不包括从事农产品收购的个体经营者）收购他们自产农业免税产品时，是由付款方向收款方开具的发票。农产品收购发票的格式各个省份有所不同，但大致格式与通用的增值税发票类似。

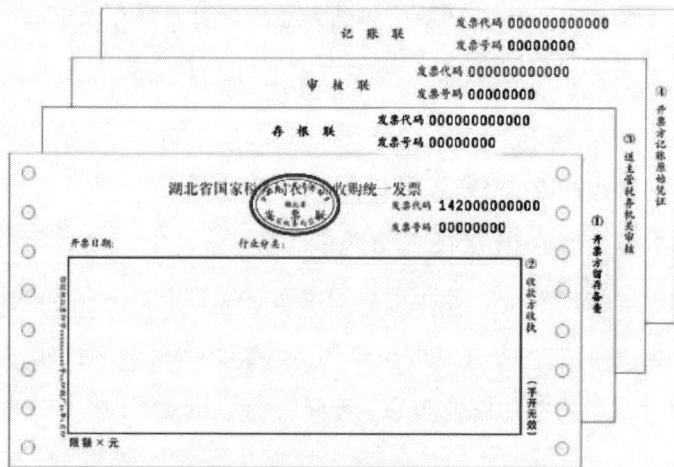

规格：190mm×101.6mm(8孔)

从农业生产的农户手中直接收购其自产农产品的纳税人，可以通过电子税务局网站向主管税务机关申请领取农产品收购发票。

　　纳税人申请农产品收购发票的，可以通过当地的电子税务局网站申请，具体的申请模块为"发票票种核定申请"。主管税务机关在收到申请后会根据纳税人的经营情况对其申请的发票种类、金额等予以审核。

　　在一些省份，纳税人可以直接在开票系统中以增值税普通发票开具农产品收购发票，一般在该增值税普通发票的左上角会打印有"收购"字样。

1100000000　北京增值税普通发票　№ 00724360

收购

1100154160
00724360

发票联　　　　　　　开票日期：　年　月　日

校验码

购买方	名　称： 纳税人识别号： 地址、电话： 开户行及账号：					密码区		
货物或应税劳务、服务名称	规格型号	单位	数量	单价		金额	税率	税额
合计								
价税合计（大写）				（小写）				
销售方	名　称： 纳税人识别号： 地址、电话： 开户行及账号：					备注		

税总函〔2016〕248号北京印钞有限公司

第二联：记账联购买方记账凭证

收款人：　　　复核：　　　开票人：　　　销售方：（章）

　　因为农产品生产者个人自身无法开具发票，所以农产品收购发票大多是由收购企业自己给自己开。要知道这种发票是可以抵扣进项税的，这样一来，如果不严格管理就会出现虚开发票的风险，所以农产品收购发票是税务机关检查的重点。这种发票审批严格，纳税人在开具农产品收购发票时应当注意保管好与开票相关的各种凭证，比如，购进农产品的过磅单、检验单、入库单、运输费用、收付款凭证、销售方身份证复印件、电话号码、自产能力证明材料、购销合同等原始凭证，以便税务机关检查。

农产品收购发票是纳税人可以用于抵扣进项税额的一种发票。目前，农产品收购发票不需要进行网上确认，也不需要进行勾选抵扣，纳税人在进行增值税纳税申报时，可以直接将相应金额和税额填入《增值税纳税申报表附列资料（二）》本期进项税额明细中第6栏"农产品收购发票或者销售发票"中即可。

增值税及附加税费申报表附列资料（二）

（本期进项税额明细）

税款所属时间：　年　月　日至　年　月　日

纳税人名称：（公章）　　　　　　　　　　　　　　　　　　　　金额单位：元（列至角分）

一、申报抵扣的进项税额				
项目	栏次	份数	金额	税额
（一）认证相符的增值税专用发票	1=2+3			
其中：本期认证相符且本期申报抵扣	2			
前期认证相符且本期申报抵扣	3			
（二）其他扣税凭证	4=5+6+7+8a+8b			
其中：海关进口增值税专用缴款书	5			
农产品收购发票或者销售发票	6			
代扣代缴税收缴款凭证	7		——	
加计扣除农产品进项税额	8a	——	——	
其他	8b			
（三）本期用于购建不动产的扣税凭证	9			
（四）本期用于抵扣的旅客运输服务扣税凭证	10			

取得（开具）农产品销售或收购发票的企业，可以按照农产品销售发票或收购发票上注明的农产品买价和9%的扣除率计算进项税额，即：

税额＝买价×9%

例如，A公司从某农户处收购了一批水果用于销售，该批水果的买入价格为1万元，那么，A企业当期可以抵扣的增值税就是10 000×9%=900元。

不过，如果纳税人将购进的农产品又用来生产销售或委托加工13%税率的货物的话，在生产领用时加计1%扣除，这个加计扣除需要填入上表中的第8a栏"加计扣除农产品进项税额"中。上面的例子中，如果A公司又将这批水果用于委托加工13%税率的产品，那么A企业在生产领用时，又可以加计扣除10 000×1%=100元的进项税额。

4.22　如何开具农产品收购发票

一天，主管有事没来公司，恰好公司发生收购农产品的业务，需要开具农产品收购发票，于是这个"重任"就落到了小王头上。一般的发票，小王已经会开了，就是农产品发票主管教过，但小王还没自己独自操作过。小王拿出自己记录的小本本，努力回想主管之前教过的步骤，按照步骤开始操作起来。

农产品收购发票的开具应当注意以下几点：

（1）农业生产者销售的自产农产品免税，因此，我们在开具农产品收购发票时应当选择相应的税收优惠。

（2）农产品收购发票的销售方信息应当完成，一般农产品的销售方为个人，在开具发票时，开票方应当准确填写农户姓名、身份证号码、地址、电话等信息。同时，发票中心位置的货物名称、规格型号、单价、数量、单位、金额等项目也应当如实、准确填写。

（3）农产品收购发票的销售方需为真实的农产品生产方，否则该发票不得抵扣进项税额。

（4）农产品收购发票后应当附带与购销有关的相关凭证，以证明购入农产品的真实性。

在税控盘中进行发票开具的操作步骤如下：

（1）进入开票软件，完成农产品收购的商品编码填写。

进入税控盘系统→系统设置→增值税类商品编码→商品编码→选择增加选项，按照货物或服务信息填写商品信息，填写完成后，点击"完成"，再点击"赋码"项，进入"商品和服务税收分类编码"页面→点击页面下方的"是否使用优惠政策"，在后面的选项栏位勾选"免税"，并确定税率栏位为"0%"，确定免税类型为"出口免税和其他免税优惠政策"→确认保存。

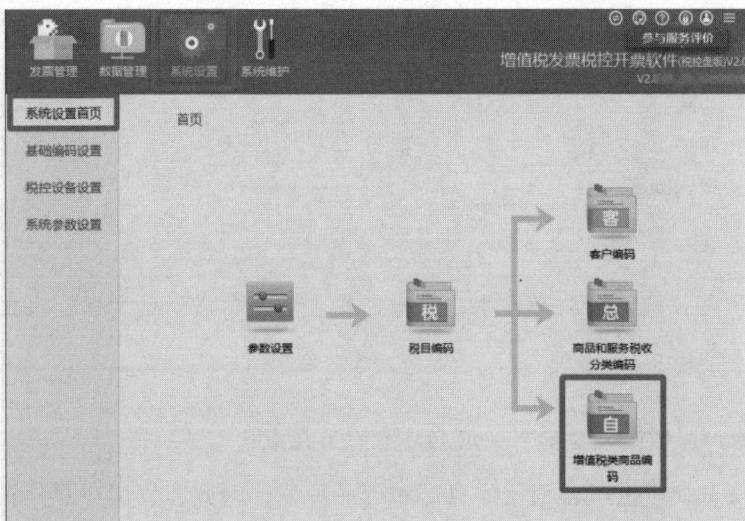

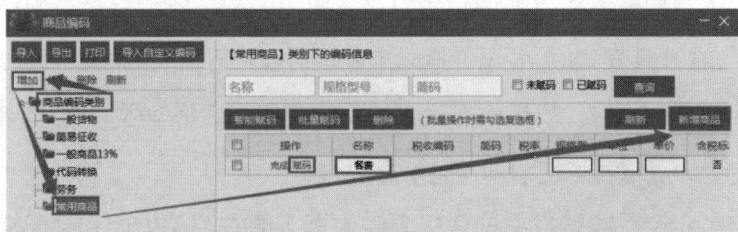

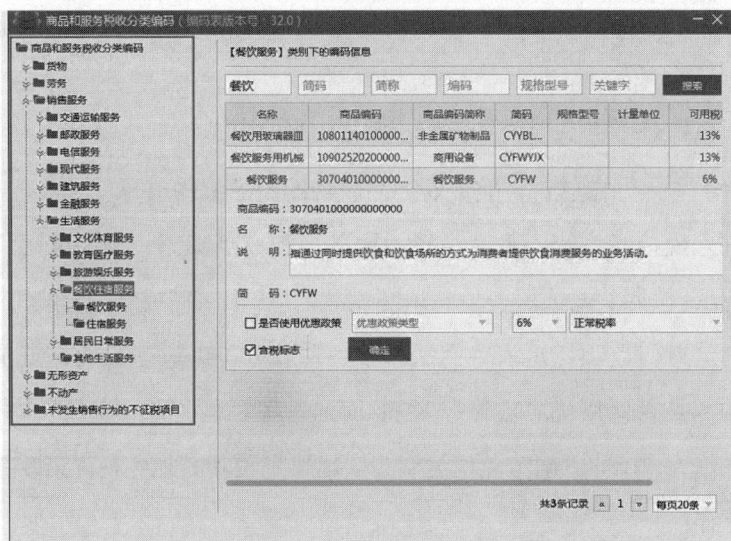

（2）正式开具农产品收购发票时，纳税人应当按照如下步骤操作：

点击"发票管理"，选择"正数发票填开"，进入发票开具页面→选择需要开具的发票类型（增值税普通发票）→填写购货方信息，并点击"货物或应税劳务名称"项目，选择带有赋码的商品名称→确定金额和税款金额，点击完成。

4.23　农产品进项发票抵扣问题总结

农产品进项发票抵扣是一个比较让人头疼的问题，在计算之前我们先来了解一下农产品的税率。

1. 农产品税率

目前农产品税率主要有三档：

（1）一般纳税人：农产品的增值税适用税率为 9%（从 2019 年 4 月 1 日开始调整的）。

（2）小规模纳税人：农产品增值税征收率 / 预征率是 3%。不过从 2022 年 4 月 1 日到 2022 年 12 月 31 日，小规模纳税人适用 3% 征收率的应税销售收入，免征增值税；适用 3% 预征率的预缴增值税项目，暂停预缴增值税。也就是说，从 2022 年 4 月 1 日到 2022 年 12 月 31 日，小规模纳税人农产品的征收率 / 预征率是 1%。

注意：2021 年 4 月 1 日—2021 年 12 月 31 日，小规模纳税人开具 1% 的农产品增值税普通发票或专用发票都不能用来抵扣，只有销售农产品的小规模纳税人选择放弃享受减征增值税优惠政策，开具 3% 征收率的增值税专用发票，才能用来抵扣，可以按照专票上注明金额的 9% 计算抵扣税额。

（3）免税的农产品。

销售自产初级农产品；

农民专业合作社销售本社成员生产的农业产品；

采取"公司 + 农户"经营模式销售畜禽；

制种企业在特定生产经营模式下，生产销售种子；

从事蔬菜批发、零售的纳税人销售的蔬菜；

部分鲜活肉蛋产品。

虽然农产品发票只用三档税率，但并不意味着农产品发票只有三档，因为 9% 和 3% 税率的发票又有专票和普票之分。还有一点需要明白，需要抵扣的企业应该是增值税一般纳税人，因为小规模纳税人是不能抵扣进项税额的。

目前农产品进项税额抵扣的方式有凭票抵扣和核定扣除两种，这里只介绍凭票抵扣，核定扣除不做介绍。

凭票抵扣

凭票抵扣，所凭的票主要有以下四种：

（1）一般纳税人开具的增值税专用发票；

（2）取得的海关进口增值税专用缴款书；

（3）从小规模纳税人处取得的增值税专用发票；

（4）农产品销售或收购发票。

财务主管说

2. 农产品发票怎样计算其进项税额

一般纳税人从不同人手中购买农产品，会取得不同的农产品发票，这些不同发票应该怎么计算进项税额呢？现具体说明如下：

（1）从一般纳税人处购进农产品，取得 9% 增值税专用发票

①在购入当期，直接以增值税专用发票上注明的增值税额作为进项税额；

②如果纳税人还要将这些农产品用于生产或者委托加工为 13% 税率的货物，则在生产领用时加计 1% 扣除。

2021 年 5 月，A 企业（一般纳税人）从 B 企业（一般纳税人）处购进一批小麦，取得增值税专用发票，发票上注明金额 100 000 元，税额 9 000 元，则 A 企业 5 月能抵扣的进项税额为 9 000 元；如果 A 企业 6 月份将这批小麦加工成税率为 13% 的糕点，那么 6 月领用时，A 企业又可以抵扣进项税额为：100 000×1%=1 000 元。

（2）取得的海关进口增值税专用缴款书

如果纳税人取得海关进口增值税专用缴款书，直接用海关进口增值税专用缴款书上注明的增值税额作为进项税额。

不过纳税人在取得海关进口缴款书后，应登录增值税发票综合服务平台查询、选择用于申报抵扣或出口退税的海关缴款书信息。如果查询到的海关缴款书信息与实际情况不符或没有查询到相应信息，纳税人应上传海关缴款书信息，经系统稽核比对相符后，再选择用于申报抵扣或出口退税的海关缴款书信息。

（3）从小规模纳税人处购进农产品，取得增值税专用发票

如果纳税人从按照 3% 征收率缴纳增值税的小规模纳税人处购得农产品用于初加工，取得了增值税专用发票，那么购进当月以增值税专用发票上注明金额的 9% 扣除率计算进项税额。

（4）取得农产品收购发票或销售发票

①企业购进农产品，取得农产品销售或收购发票的，以农产品销售或收购发票上注明的农产品买价和 9% 的扣除率计算进项税额；

②如果纳税人还要将这些农产品用于生产或者委托加工为 13% 税率的货物，则在生产领用时加计 1% 扣除；

③如果企业购进农产品，既用于生产或委托加工 13% 税率的货物，又用于生产其他货物服务的，则应当分别核算用于生产或委托加工 13% 税率货物和其他货物服务的农产品进项税额。对于用于生产或委托加工 13% 税率的农产品，则加计扣除 1% 进项税额；如果未分别核算的，则不得加计扣除 1%。

关于农产品进项发票抵扣问题，现总结如下表：

销售方	发票类型	能不能抵扣	怎么抵扣	能不能加计扣除
一般纳税人	9% 的专票	能	注明税额	能加计 1% 扣除
	9% 的普票	不能	换成专票	不能加计扣除，换专票后方可
	自产 免税 普票	能	买价的 9%	能加计 1% 扣除
	批发零售 免税 普票	不能	—	—

销售方	发票类型	能不能抵扣	怎么抵扣	能不能加计扣除
小规模纳税人	3% 的专票	能	金额的 9%	能加计 1% 扣除
	3% 的普票	不能	—	—
	自产 免税 普票	能	买价的 9%	能加计 1% 扣除
	批发零售 免税 普票	不能	—	—
农民个人（自产）	自开 收购 发票	能	买价的 9%	能加计 1% 扣除
	代开 普票 免税	能	买价的 9%	能加计 1% 扣除
农民专业合作社	自产 普票 免税	能	买价的 9%	能加计 1% 扣除
海关进口	海关进口增值税专用缴款书	能	注明税款	能加计 1% 扣除
国有粮食收购企业	将免税粮食按照不免税方式开具专票	能	注明税款	能加计 1% 扣除

在计算农产品进项发票抵扣时，要注意不是所有的农产品进项税额都能抵扣。纳税人取得一般纳税人开具的普票，或取得小规模纳税人开具的普票，或者从批发、零售环节购进的适用于免征增值税政策的蔬菜、部分鲜活肉蛋而取得的普通发票，均不能用来计算抵扣进项税额。不过，如果批发、零售环节的纳税人放弃免税政策，选择开具增值税专用发票的，可以用来计算抵扣进项税额。

纳税人收到免税农产品发票，怎么判断出对方是批发、零售，还是农业生产者呢？一般情况下，如果销售方为某某批发部、某某超市，则为批发、零售的可能性较大；如果销售方为某某农业公司、某某农业合作社、某某家庭农场，则为自产农业者的可能性较大。如果是农业生产者销售自产农产品，则可以计算抵扣进项税额。

一般纳税人甲企业是一家肉食加工厂，购进生牛用于生产牛肉酱（税率为 13%）。2021 年 5 月，从一般纳税人 A 企业处收购 10 头牛，取得增值税专票，金额是 150 000 元，税额是 13 500 元；从小规模纳税人 B 企业处收购 20 头牛，取得增值税专票，金额是 280 000 元，税额是 8 400元；从农户个人处收购 30 头牛，取得代开免税普通发票，实际支付了

420 000 元。假设甲企业 5 月份将这些生牛全部领用，用于生产牛肉酱，则甲企业 5 月份可抵扣进项税额是多少？

解析： 因为甲企业 5 月份将收购的 60 头牛全部领用，并用于生产 13% 税率的牛肉酱，所以当期可抵扣进项税额除了 9%，还可以加计抵扣 1%。

（1）从一般纳税人处取得的专票：5 月可抵扣税额是 13 500 元，另外领用时加计抵扣进项税额 =150 000×1%=1 500 元；

（2）从小规模纳税人处取得的专票：5 月份可抵扣进项税额是 280 000×9%=25 200 元，另外领用时加计抵扣进项税额 =280 000×1%= 2 800 元；

（3）从农户个人处取得代开免税普票：5 月份可抵扣进项税额是 420 000×9%=37 800 元，另外领用时加计抵扣进项税额 =420 000×1%= 4 200 元。

所以甲企业 5 月份可抵扣进项税额合计为：（13 500+1 500）+ （25 200+2 800）+（37 800+4 200）=85 000 元。

第5章　发票违规、违法行为及处罚规定

5.1　《发票管理办法》中明令禁止的行为

为了避免工作中出错，小王找到一些关于发票的相关规定仔细阅读起来。在阅读过程中，小王将一些自己平时要用到可能会犯错的条款记录在小本本上，以便随时阅读。当小王看到国家税务总局新颁布了《发票管理办法（修改草案征求意见稿）》后，赶紧比较了一下。

为了加强发票管理和财务监督，保障国家税收收入，维护国家经济秩序，根据《税收征收管理法》制定了《发票管理办法》，并于1993年12月正式颁布。

2010年，《发票管理办法》进行了第一次修订，2019年进行了第二次修订，2021年1月，国家税务总局又公布了《发票管理办法（修改草案征求意见稿）》（简称《修改意见》），看来不久又可能进行一次修订了。

《发票管理办法》中明令禁止的行为主要有以下几点：

第七条　增值税专用发票由国务院税务主管部门确定的企业印制；

其他发票，按照国务院税务主管部门的规定，由省、自治区、直辖市税务机关确定的企业印制。禁止私自印制、伪造、变造发票。

第九条　印制发票应当使用国务院税务主管部门确定的全国统一的发票防伪专用品。禁止非法制造发票防伪专用品。

第十条　发票应当套印全国统一发票监制章。全国统一发票监制章的式样和发票版面印刷的要求，由国务院税务主管部门规定。发票监制章由省、自治区、直辖市税务机关制作。禁止伪造发票监制章。

第十六条第二款　禁止非法代开发票。

第二十条　所有单位和从事生产、经营活动的个人在购买商品、接受服务以及从事其他经营活动支付款项，应当向收款方取得发票。取得发票时，不得要求变更品名和金额。

第二十一条　不符合规定的发票，不得作为财务报销凭证，任何单位和个人有权拒收。

第二十二条　开具发票应当按照规定的时限、顺序、栏目，全部联次一次性如实开具，并加盖发票专用章（《修改草案》中将其改为：开具纸质发票应加盖发票专用章）。

任何单位和个人不得有下列虚开发票行为：

（一）为他人、为自己开具与实际经营业务情况不符的发票；

（二）让他人为自己开具与实际经营业务情况不符的发票；

（三）介绍他人开具与实际经营业务情况不符的发票。

第二十四条　任何单位和个人应当按照发票管理规定使用发票，不得有下列行为：

（一）转借、转让、介绍他人转让发票、发票监制章和发票防伪专用品；

（二）知道或者应当知道是私自印制、伪造、变造、非法取得或者废止的发票而受让、开具、存放、携带、邮寄、运输；

（三）拆本使用发票；

（四）扩大发票使用范围；

（五）以其他凭证代替发票使用。（为了适应发票电子化改革要求，

《修改草案》中新增加了一项不得有的行为（6）：窃取、截留、篡改、出售、泄露发票数据。）

第二十六条　除国务院税务主管部门规定的特殊情形外，任何单位和个人不得跨规定的使用区域携带、邮寄、运输空白发票。

禁止携带、邮寄或者运输空白发票出入境。

第二十七条　开具发票的单位和个人应当建立发票使用登记制度，设置发票登记簿，并定期向主管税务机关报告发票使用情况。

第二十八条　开具发票的单位和个人应当在办理变更或者注销税务登记的同时，办理发票和发票领购簿的变更、缴销手续。

第二十九条　开具发票的单位和个人应当按照税务机关的规定存放和保管发票，不得擅自损毁。已经开具的发票存根联和发票登记簿，应当保存 5 年。保存期满，报经税务机关查验后销毁（为了适应税收现代化管理要求，减轻纳税人的负担，《修改草案》中将这一点删除了）。

5.2　对违规、违法开票行为的处罚

为了约束纳税人好好遵守《发票管理办法》，规范使用发票，《发票管理办法》对违反本办法的行为作出了以下规定：

第三十五条　违反本办法的规定，有下列情形之一的，由税务机关责令改正，可以处 1 万元以下的罚款；有违法所得的予以没收：

（一）应当开具而未开具发票，或者未按照规定的时限、顺序、栏目，全部联次一次性开具发票，或者未加盖发票专用章的；

（二）使用税控装置开具发票，未按期向主管税务机关报送开具发票的数据的；

（三）使用非税控电子器具开具发票，未将非税控电子器具使用的软件程序说明资料报主管税务机关备案，或者未按照规定保存、报送开具发票的数据的；

（四）拆本使用发票的；

（五）扩大发票使用范围的；

（六）以其他凭证代替发票使用的；

（七）跨规定区域开具发票的；

（八）未按照规定缴销发票的；

（九）未按照规定存放和保管发票的。（《修改草案》在后面增加了一条：未按照规定作废发票或开具红字发票的。）

第三十六条 跨规定的使用区域携带、邮寄、运输空白发票，以及携带、邮寄或者运输空白发票出入境的，由税务机关责令改正，可以处1万元以下的罚款；情节严重的，处1万元以上3万元以下的罚款；有违法所得的予以没收。

丢失发票或者擅自损毁发票的，依照前款规定处罚。

第三十七条 违反本办法第二十二条第二款的规定虚开发票的，由税务机关没收违法所得；虚开金额在1万元以下的，可以并处5万元以下的罚款；虚开金额超过1万元的，并处5万元以上50万元以下的罚款；构成犯罪的，依法追究刑事责任。

非法代开发票的，依照前款规定处罚。

第三十八条 私自印制、伪造、变造发票，非法制造发票防伪专用品，伪造发票监制章的（《修改草案》在后面新增了：窃取、截留、篡改、出售、泄露发票数据的），由税务机关没收违法所得，没收、销毁作案工具和非法物品，并处1万元以上5万元以下的罚款；情节严重的，并处5万元以上50万元以下的罚款；对印制发票的企业，可以并处吊销发票准印证（《修改草案》删除了这一点）；构成犯罪的，依法追究刑事责任。

前款规定的处罚，《中华人民共和国税收征收管理法》有规定的，依照其规定执行。

第三十九条 有下列情形之一的，由税务机关处1万元以上5万元以下的罚款；情节严重的，处5万元以上50万元以下的罚款；有违法所得的予以没收：

（一）转借、转让、介绍他人转让发票、发票监制章和发票防伪专用品的；

（二）知道或者应当知道是私自印制、伪造、变造、非法取得或者废止的发票而受让、开具、存放、携带、邮寄、运输的。

第四十条　对违反发票管理规定 2 次以上或者情节严重的单位和个人，税务机关可以向社会公告。

第四十一条　违反发票管理法规，导致其他单位或者个人未缴、少缴或者骗取税款的，由税务机关没收违法所得，可以并处未缴、少缴或者骗取的税款 1 倍以下的罚款。

第四十二条　当事人对税务机关的处罚决定不服的，可以依法申请行政复议或者向人民法院提起行政诉讼。

第四十三条　税务人员利用职权之便，故意刁难印制、使用发票的单位和个人，或者有违反发票管理法规行为的，依照国家有关规定给予处分；构成犯罪的，依法追究刑事责任。

5.3　一些常见违规发票

有时主管会交给小王一些审查报销的工作。主管告诉小王，审查报销的时候一定要严格把关，仔细检查，对一些违规的发票拒收，并详细告诉小王哪些发票属于违规的，让小王审查的时候注意，有拿不准的就拿过来问自己。

我国采取的是"以票控税"，所以发票一直都是税务稽查的重点，企业想要不被税务稽查，就要清楚哪些是违规发票。今后的经济活动中要规避这样的发票。

违规发票，是指不符合法律、行政法规或者国务院税务主管部门有关规定的发票。对于这样的发票，《发票管理办法》第二十一条规定，不符合规定的发票，不得作为财务报销凭证，任何单位和个人有权拒收。

违规发票主要包括以下几种类型。

1. 假发票

假发票就是发票本身就是假的，只要收票方到发票管理综合服务平台一查询就能发现其真伪，另外，本书前面已经详细介绍过鉴定发票真伪的办法，这里就不再详细介绍。如果实在无法鉴别，还可以拨打当地12366热线，或者去当地办税大厅查询。

2. 虚开发票

虚开发票是一种常见的发票违法行为，是指纳税人不如实按照商品的名称、销售数量、单价、税率、总金额等内容开具发票，而是利用虚构或虚假内容开具发票的行为。

3. 未填开付款方全称的发票

这种发票又包括未填写、填写错误或填写简称三种类型。开票或收票时要注意，看看付款方的全称是否跟营业执照上的名称完全一致，如果企业的名称实在太长，超过了税控机可以显示的字数，那么可以向当地主管税务机关申请备案规范的简称，不能自己随意填写简称。

违规发票主要包括以下几种类型

- 假发票
- 虚开发票
- 未填开付款方全称的发票
- 变更品名和金额的发票
- 跨地区开具发票
- 票面信息不全、字迹不清晰或用章不合规
- 名称、税率填写错误的发票
- 涂改票面信息
- 继续使用已经作废的版本开具发票

4. 变更品名和金额的发票

有的企业为了能多抵扣进项税额，将给职工的福利费开成办公用品之类的发票，因为办公用品类的发票能抵扣进项税额，而福利费的专用发票不能抵扣进项税；有的企业在购买办公用品时，让对方增加发票的金额，这样就能多报销费用。

其实这些都属于虚开增值税发票的行为，是违法的，也是税务机关严厉打击的行为，如果被税务机关稽查，不但要补缴税款，还有滞纳金和罚款，将得不偿失。

5. 跨地区开具发票

《发票管理办法》规定，除国务院税务主管部门规定的特殊情形外，发票限于领购单位和个人在本省、自治区、直辖市内开具；还有任何单位和个人不得跨规定的使用区域携带、邮寄、运输空白发票。所以纳税人如果在某地领取发票却到另外地方开具发票，这种行为是违规行为，将会受到处罚。受票者可以通过发票代码判断所收到的发票是不是属于外地的，如果是外地的不能要。

6. 票面信息不全、字迹不清晰或用章不合规

《发票管理办法》规定，开具发票应当按照规定的时限、顺序、栏目，全部联次一次性如实开具，并加盖发票专用章。如果发生填写不全、字迹不清晰或用章不符合规定的发票，购货方可以拒收并要求对方重开。

7. 名称、税率填写错误的发票

纳税人收到专用发票后，还要注意专用发票的"名称"栏和"税率"栏，看是否填写正确。比如，某企业收到一张专用发票，"名称"栏写着"*运输服务*装卸费"，"税率"栏写着"9%"。这张发票是不符合税收政策规定的，不能用来作为税收凭证，因为装卸服务属于物流辅助服务，不属于运输服务，其适用的税率是6%。

8. 涂改票面信息

开票人发现票面上有个地方出现了书写错误，于是直接在错误的地方进行修改并加盖发票专用章，这种行为是违规的，税务部门也是不认

可的。如果发现发票出现了填写错误,应该马上作废重新开具正确的发票。

9. 继续使用已经作废的版本开具发票

为了防止私印和伪造假发票,税务部门经常不定期更换发票的版本,纳税人也应该根据税务部门的要求,及时更换新版本的发票。对于旧版本的发票,纳税人应当及时缴销,不要再继续使用;受票人收到发票后也要注意检查,不要接受已经作废版本的发票。

5.4 将违规发票入账,被查出后有什么后果

之所以强调违规发票,是因为使用违规发票将会给企业带来以下后果。

1. 不能用于计税

《发票管理办法》中明确说明,对于不符合规定的发票,不能用来作为财务报销的凭证。现就不同税种分别说明。

(1)增值税方面

《中华人民共和国增值税暂行条例》第九条规定,纳税人购进货物、劳务、服务、无形资产、不动产,取得的增值税扣税凭证不符合法律、行政法规或者国务院税务主管部门有关规定的,其进项税额不得从销项税额中抵扣。根据这个规定,如果纳税人已经将违规发票用于抵扣,则需要作进项税额转出。

(2)企业所得税方面

根据国家税务总局发布的《企业所得税税前扣除凭证管理办法》公告。

第十二条规定 企业取得私自印制、伪造、变造、作废、开票方非法取得、虚开、填写不规范等不符合规定的发票,以及取得不符合国家法律、法规等相关规定的其他外部凭证,不得作为税前扣除凭证。

第十三条规定 企业应当取得而未取得发票、其他外部凭证或者取得不合规发票、不合规其他外部凭证的,若支出真实且已实际发生,应

当在当年度汇算清缴期结束前，要求对方补开、换开发票、其他外部凭证。补开、换开后的发票、其他外部凭证符合规定的，可以作为税前扣除凭证。

第十四条规定　企业在补开、换开发票、其他外部凭证过程中，因对方注销、撤销、依法被吊销营业执照、被税务机关认定为非正常户等特殊原因无法补开、换开发票、其他外部凭证的，可凭以下资料证实支出真实性后，其支出允许税前扣除：

（一）无法补开、换开发票、其他外部凭证原因的证明资料（包括工商注销、机构撤销、列入非正常经营户、破产公告等证明资料）；

（二）相关业务活动的合同或者协议；

（三）采用非现金方式支付的付款凭证；

（四）货物运输的证明资料；

（五）货物入库、出库内部凭证；

（六）企业会计核算记录以及其他资料。

前款第一项到第三项为必备资料。

2. 行政责任

这个行政责任主要根据受票方具体责任来定。

（1）如果受票方确实不知道自己所取得的发票是虚开的，那么将不会受到行政处罚，因为受票方本身也是受害者，所取得的发票也无法用于抵税了，不过违规发票肯定是不能用了。

（2）如果受票方知道或者应当知道所取得的发票是虚开的，但还是接受了，这时纳税人将会被税务机关处 1 万元以上 5 万元以下的罚款；情节严重的，处 5 万元以上 50 万元以下的罚款；有违法所得的予以没收。

（3）主动要求对方虚开发票的，将由税务机关没收违法所得；虚开金额在 1 万元以下的，可以并处 5 万元以下的罚款；虚开金额超过 1 万元的，并处 5 万元以上 50 万元以下的罚款；构成犯罪的，依法追究刑事责任。

3. 刑事责任

如果纳税人有下列行为将会被刑事立案追诉：

（1）虚开增值税专用发票税款数额在 5 万元以上；

（2）虚开普通发票 100 份以上或者虚开金额累计在 40 万元以上；

（3）虽未达到上述数额标准但 5 年内因虚开发票行为受过行政处罚二次以上而又虚开发票。

刑事处罚将根据纳税人具体的情况而定，有拘役、有期徒刑乃至无期徒刑，并处罚金或者没收财产等处罚。

5.5 哪些事项可以"首违不罚"

国家税务总局根据相关法律法规制定了《税务行政处罚"首违不罚"事项清单》，明确规定，从 2021 年 4 月 1 日起，税务机关在严格执法的基础上，在法律、行政法规规定的范围内，对首次发生清单中所列事项、危害后果轻微的纳税人、扣缴义务人，给予及时纠正税收违法行为的机会。如果这些纳税人、扣缴义务人在税务机关发现前主动改正或者在税务机关责令限期改正的期限内改正的，将不予行政处罚，这就是"首违不罚"。

当然了，如果纳税人、扣缴义务人第一次违法后没有吸取教训，再次发生清单中所列税收违法行为，那么税务机关不会再给其机会，将严格按照法律、行政法规等规定，给予相应的税务行政处罚。

从"首违不罚"的定义可以看出，适用税务行政处罚"首违不罚"情形的必须同时要满足以下三个条件：

（1）纳税人、扣缴义务人必须是首次发生清单中所列事项；

（2）其危害后果必须轻微；

（3）在税务机关发现前主动改正或者在税务机关责令限期改正的期限内改正。

如果不能同时达到这三个条件，将不能使用"首违不罚"清单。对适用"首违不罚"的纳税人、扣缴义务人，税务机关应当以适当方式加强税法宣传和辅导。以后还会陆续发布其他"首违不罚"涉税事项，大家可以关注国家税务总局网站，进行了解。

税务行政处罚"首违不罚"事项清单

序　号	事　项
1	纳税人未按照税收征收管理法及实施细则等有关规定将其全部银行账号向税务机关报送
2	纳税人未按照税收征收管理法及实施细则等有关规定设置、保管账簿或者保管记账凭证和有关资料
3	纳税人未按照税收征收管理法及实施细则等有关规定的期限办理纳税申报和报送纳税资料
4	纳税人使用税控装置开具发票，未按照税收征收管理法及实施细则、发票管理办法等有关规定的期限向主管税务机关报送开具发票的数据且没有违法所得
5	纳税人未按照税收征收管理法及实施细则、发票管理办法等有关规定取得发票，以其他凭证代替发票使用且没有违法所得
6	纳税人未按照税收征收管理法及实施细则、发票管理办法等有关规定缴销发票且没有违法所得
7	扣缴义务人未按照税收征收管理法及实施细则等有关规定设置、保管代扣代缴、代收代缴税款账簿或者保管代扣代缴、代收代缴税款记账凭证及有关资料
8	扣缴义务人未按照税收征收管理法及实施细则等有关规定的期限报送代扣代缴、代收代缴税款有关资料
9	扣缴义务人未按照《税收票证管理办法》的规定开具税收票证
10	境内机构或个人向非居民发包工程作业或劳务项目，未按照《非居民承包工程作业和提供劳务税收管理暂行办法》的规定向主管税务机关报告有关事项

5.6　虚开发票的处罚

一天，小王看到一个关于虚开发票案件的报道。对于虚开发票小王了解得不多，于是就去问主管到底什么行为属于虚开发票，国家对于虚开发票的行为有什么样的惩罚？

虚开发票是指纳税人不如实按照商品的名称、销售数量、单价、税率、总金额等内容开具发票，而是利用虚构或虚假内容开具发票的行为。

《发票管理办法》第二十二条规定　开具发票应当按照规定的时限、顺序、栏目，全部联次一次性如实开具，并加盖发票专用章。任何单位和个人不得有下列虚开发票行为：

（一）为他人、为自己开具与实际经营业务情况不符的发票；

（二）让他人为自己开具与实际经营业务情况不符的发票；

（三）介绍他人开具与实际经营业务情况不符的发票。

纳税人虚开发票通常有以下几种目的：

（1）虚开增值税专用发票用于隐匿收入。比如，一笔订单的实际销售金额为 200 万元，企业为了减少销项税额，故意将订单的单价调低，以减少企业本期税费。

（2）虚开增值税发票用于骗取出口退税。出口退税是我国对于出口企业的一项税收优惠。根据现行的税收政策，我国出口企业出口符合退税标准的货物，对外提供加工修理修配服务的，可以免征和退还税费。骗取出口退税就是指一些纳税人利用出口退税的优惠政策，伙同境外企业，开具没有真实业务往来的增值税发票，用以骗取国家税款的行为。

（3）虚开增值税专用发票用于抵扣税款。虚开增值税发票抵税与虚开发票隐匿收入类似，比如，一家企业销项税额过高，进项税额过少，企业缴纳的税费较多，为了减少税费，企业联合下游企业进行虚假交易，以各种方式获取虚假的进项发票减少税款缴纳。

（4）为他人虚开增值税发票牟利的。为他人虚假开票、介绍他人虚假开票、为自己虚开发票或者让他人为自己虚开发票等情况也属于发票违法行为。

虚开发票是一项十分严重的经济犯罪，后果很严重，纳税人因虚开发票而要承担哪些责任呢？

《刑法》第二百零五条第一款、第二款规定　虚开增值税专用发票或者虚开用于骗取出口退税、抵扣税款的其他发票的，处三年以下有期徒刑或者拘役，并处二万元以上二十万元以下罚金；虚开的税款数额较大或者有其他严重情节的，处三年以上十年以下有期徒刑，并处五万元以上五十万元以下罚金；虚开的税款数额巨大或者有其他特别严重情节的，处十年以上有期徒刑或者无期徒刑，并处五万元以上五十万元以下罚金或者没收财产。

单位犯本条规定之罪的，对单位判处罚金，并对其直接负责的主管人员和其他直接责任人员，处三年以下有期徒刑或者拘役；虚开的税款数额较大或者有其他严重情节的，处三年以上十年以下有期徒刑；虚开的税款数额巨大或者有其他特别严重情节的，处十年以上有期徒刑或者无期徒刑。

总而言之，虚开发票是一种刑事犯罪，根据虚开金额的不同，虚开发票的人员或者企业的相关主管人员会被判处不同年限的刑罚，同时，还需要缴纳相应金额的罚金。

此外，除了上述三项罪名外，为他人虚开发票、为自己虚开发票、指使他人为自己虚开发票或者介绍他人虚开发票等行为也属于发票违法行为。如果个人或者企业或其他组织有以上情形，且情节严重，也会被判处拘役。

《刑法》第二百零五条之一规定　虚开本法第二百零五条规定以外的其他发票，情节严重的，处二年以下有期徒刑、拘役或者管制，并处罚金；情节特别严重的，处二年以上七年以下有期徒刑，并处罚金。

单位犯前款罪的，对单位判处罚金，并对其直接负责的主管人员和其他直接责任人员，前款的规定处罚。

有人可能会说，如果情节不严重，是否就不会受到监管处罚呢？当然不是，对于违法行为不严重的上述发票行为，违法的一方需要受到行政处罚。

《发票管理办法》第三十七条　违反本办法第二十二条第二款的规定虚开发票的，由税务机关没收违法所得；虚开金额在 1 万元以下的，可以并处 5 万元以下的罚款；虚开金额超过 1 万元的，并处 5 万元以上 50 万元以下的罚款；构成犯罪的，按照依法追究刑事责任。

此外，非法代开发票也将依照虚开发票的处罚规则处罚。

国家为了维护正常的经济税收秩序，对虚开发票骗税行为实行了严厉的打击。随着发票综合服务平台和税控系统的不断升级，国家利用大数据对发票的管理也越来越精准，纳税人还是严格按照《发票管理办法》，不要触犯法律法规的红线。

作为财务人员如果有人让你虚开发票，一定要坚定地拒绝，哪怕冒着被辞退的风险，否则等待的可能是牢狱之灾；还有收到发票时，要细致核查基本内容，并登录发票管理综合平台去验证发票的真伪，对于不符合规定的发票千万不要收。

5.7 伪造增值税专用发票的处罚

伪造增值税专用发票是一种严重的发票违法行为。根据《刑法》第二百零六条"伪造、出售伪造的增值税专用发票罪"的相关规定：

个人伪造或出售专票：

（1）伪造或者出售伪造的增值税专用发票的，处3年以下有期徒刑、拘役或者管制，并处2万元以上20万元以下罚金；

（2）数量较大或者有其他严重情节的，处3年以上10年以下有期徒刑，并处5万元以上50万元以下罚金；

（3）数量巨大或者有其他特别严重情节的，处10年以上有期徒刑或者无期徒刑，并处5万元以上50万元以下罚金或者没收财产。

单位伪造或出售专票：

（1）单位犯本条规定之罪的，对单位判处罚金，并对其直接负责的主管人员和其他直接责任人员，处3年以下有期徒刑、拘役或者管制；

（2）数量较大或者有其他严重情节的，处3年以上10年以下有期徒刑；

（3）数量巨大或者有其他特别严重情节的，处10年以上有期徒刑或者无期徒刑。

这里我们应当注意的是，即使伪造发票的嫌疑人没有实行盈利活动，没有出售该伪造发票，也会受到刑法处罚。

同时，购买该伪造增值税专用发票的行为也属于犯罪，对于购买该伪造增值税专用发票的纳税人，按照《刑法》的相关规定，会被处以5年以下有期徒刑或者拘役，并处或者单处2万元以上20万元以下罚金。

同样，如果该违法行为情节较轻，不足以满足《刑法》的处罚条件，纳税人也会受到行政处罚。

根据《发票管理办法》第三十八条规定，纳税人或者其他个人私自印制、伪造、变造发票，非法制造发票防伪专用品，伪造发票监制章的，因为电子发票的推广使用，《修改草案》还在后面新增了窃取、截留、篡改、出售、泄露发票数据的，将受到如下处罚：

（1）由税务机关没收违法所得，没收、销毁作案工具和非法物品，并处 1 万元以上 5 万元以下的罚款；

（2）情节严重的，并处 5 万元以上 50 万元以下的罚款；

（3）对印制发票的企业，可以并处吊销发票准印证；

（4）构成犯罪的，依法追究刑事责任。

5.8 出售 / 非法购买专用发票的处罚

这里所说的出售增值税专用发票指的是出售国家统一印制的、真正的增值税专用发票，而不是伪造的、假的增值税专用发票。

出售增值税专用发票的主体获取发票的渠道可以是合法的，也可以是不合法的。比如，出售增值税专用发票的主体可以从一般纳税人手中取得发票，也可以与税务人员勾结取得发票，还可以通过偷盗、抢劫等形式取得发票。不过，不管该发票的来源如何，只要其完成了"出售"这一行为，就犯了"非法出售增值税专用发票罪"。根据《刑法》第二百零七条的规定：

（1）非法出售增值税专用发票的，处 3 年以下有期徒刑、拘役或者管制，并处 2 万元以上 20 万元以下罚金；

（2）数量较大的，处 3 年以上 10 年以下有期徒刑，并处 5 万元以上 50 万元以下罚金；

数量巨大的，处 10 年以上有期徒刑或者无期徒刑，并处 5 万元以上

50 万元以下罚金或者没收财产。

除了出售增值税专用发票违法外，购买增值税专用的行为也是违法的。《刑法》第二百零八条规定，非法购买增值税专用发票或者购买伪造的增值税专用发票的纳税人或者其他人，只要实施了这项行为，不管其有没有利用该非法取得的发票营利，都会受到法律的制裁，将被处以 5 年以下有期徒刑或者拘役，并处或者单处 2 万元以上 20 万元以下罚金。

如果非法购买增值税专用发票或者购买伪造的增值税专用发票又虚开或者出售的，分别依法定罪处罚。

此外，盗窃增值税专用发票或者盗窃其他可以用于骗取出口退税、抵扣税款发票的，将按"盗窃罪"定罪处罚；如果使用欺骗手段骗取增值税专用发票或者可以用于骗取出口退税、抵扣税款的其他发票的，将按照"诈骗罪"定罪处罚。

如果个人明知是伪造的发票还坚持持有，数量较大的，将处 2 年以下有期徒刑、拘役或者管制，并处罚金；数量巨大的，会处 2 年以上 7 年以下有期徒刑，并处罚金。如果是单位，除了对单位判处罚金，还要对其直接负责的主管人员和其他直接责任人员，进行相应的处罚。

5.9 帮朋友开发票，没要税点违法吗

有时朋友没有在自己这里买东西，但让帮忙开张发票，他好拿去报销，因为是朋友，自己这里没有达到起征点也不用交税的，于是就开了，当然也没要朋友给的"税点"。

你是不是觉得自己很够"意思"？其实你不仅害了自己，还害了朋友。因为《发票管理办法》第二十二条规定，开具发票应当按照规定的时限、顺序、栏目，全部联次一次性如实开具，并加盖发票专用章。

任何单位和个人不得有下列虚开发票行为：

（1）为他人、为自己开具与实际经营业务情况不符的发票；

（2）让他人为自己开具与实际经营业务情况不符的发票；

（3）介绍他人开具与实际经营业务情况不符的发票。

虽然你没找朋友要税点，但是你这种行为属于虚开增值税发票的行为，将受到严厉的惩罚。

如果你开的是增值税专用发票，根据《刑法》第二百零五条规定，虚开增值税专用发票或者虚开用于骗取出口退税、抵扣税款的其他发票的行为构成虚开发票罪，虚开增值税专用发票或者虚开用于骗取出口退税、抵扣税款的其他发票的，处 3 年以下有期徒刑或者拘役，并处 2 万元以上 20 万元以下罚金；虚开的税款数额较大或者有其他严重情节的，处 3 年以上 10 年以下有期徒刑，并处 5 万元以上 50 万元以下罚金；虚开的税款数额巨大或者有其他特别严重情节的，处 10 年以上有期徒刑或者无期徒刑，并处 5 万元以上 50 万元以下罚金或者没收财产。

单位犯本条规定之罪的，对单位判处罚金，并对其直接负责的主管人员和其他直接责任人员，处 3 年以下有期徒刑或者拘役；虚开的税款数额较大或者有其他严重情节的，处 3 年以上 10 年以下有期徒刑；虚开的税款数额巨大或者有其他特别严重情节的，处 10 年以上有期徒刑或者无期徒刑。

可能有人说，"我"开的只是增值税普通发票，又不是增值税专用发票，有那么严重吗？《刑法》第二百零五条之一规定，虚开本法第二百零五条规定以外的其他发票（指专用发票之外的其他发票），情节严重的，处 2 年以下有期徒刑、拘役或者管制，并处罚金；情节特别严重的，处 2 年以上 7 年以下有期徒刑，并处罚金。

单位犯前款罪的，对单位判处罚金，并对其直接负责的主管人员和其他直接责任人员，依照前款的规定处罚。

看到这里，以后你还会帮别人开发票吗？

第6章 发票税务风险及预防

6.1 发票税务风险产生原因

为了让大家心里随时都有发票风险意识，主管将公司涉及发票的相关人员集中起来给他们详细讲解了一些常见的发票税务风险及预防风险的措施，并告诫大家，不管是取得的发票还是给别人开具发票，一定要严格按照国家相关规定去做，千万不能越线，否则就会给企业带来风险。

企业在生产经营活动中，如果没有按照法律法规的规定纳税就会出现税务风险。企业税务风险主要包括两方面：一方面是企业的纳税行为没有遵照税收法律法规的规定，未缴纳或少缴纳了税款，从而面临补税、罚款、加收滞纳金、刑罚处罚及声誉损害等风险；另一方面是企业经营行为适用的税法不准确，导致企业没有享受到相关优惠政策，多缴纳了税款，承担了本不必要的税收负担。

发票税务风险也包括两方面：一方面是企业取得或开具的发票不符合税收法律法规的规定，应开未开或少开，从而面临补税、罚款、加收滞纳金、刑罚处罚及声誉损害等风险；另一方面是企业取得或开具的发票适用的税法不准确，导致企业没有享受到相关优惠政策，多缴纳了税款，加重了企业的税收负担。

税收实务中，对于发票税务风险中的第一种，财务人员都会格外重视，但往往会忽视第二种，这是不对的，不管是第一种风险还是第二种风险，我们都要给予重视，只有这样才能避免一些税务风险。

在实际工作中，发票税务风险是多种多样的，其产生的原因也各不相同，总体来说有以下几点：

1. 企业缺乏税务风险意识

企业对生产经营活动产生的经济利益往往很重视，但是对应缴纳的税款往往不太重视，有的企业甚至想尽一切办法，比如，通过采取少开或不开发票，建立两套账等错误手段去少缴税款。正是因为企业管理者从思想上没有重视税务问题，没有真正认识到税务风险的严重性，才会犯这样的错误。

2. 企业财务人员水平有限

企业想要正确处理税务问题，其财务人员不仅要具备过硬的专业知识和较高的业务水平，还要具备一定的学习能力。如果财务人员的专业知识不过硬，将不符合法律法规的发票入账，将会给企业带来税务风险；如果财务人员没有一定的学习能力，不去学习和了解最新的财税政策，可能会错过一些优惠政策。现在中国处于快速发展的时期，各行各业在快速发展，我国的税务可以说是日新月异，从营改增，到电子专票的普及，从原来的办税大厅认证，到现在的勾选认证，如果没有一定的学习能力，将很难适应现代的税务需求。

3. 企业财务人员频繁流动

如果企业财务人员流动过于频繁，将会导致企业的账目比较混乱，企业的税务风险也会增加。因为财务人员每一次交接，都可能会留下一些问题，频繁交接可能会导致遗留的问题越来越多，最后谁也说不清之前的会计事项了，这是一个很大的隐患。

4. 企业老板不重视财务工作的价值

很多企业老板认为，企业的经济效益主要依靠的还是业务部门，财务部门只是一个报税算账的，所以不重视财务部门。这样很多经济业务财务人员将无法参与，也就很难从企业内部控制税务风险。

其实企业税产生于业务，业务部门才是产生税的根源。企业要怎么缴税，不是看财务人员的账怎么做，而是看合同怎么签、业务怎么做、资金怎么走，财务只是事后核算而已。想要控制企业税务风险，还是要从源头上抓起，如果事情已经成定局，再想让财务人员从账面上去掩饰，只会给企业带来税务风险。

5. 财务人员对政策把握不够到位

有时财务人员对税收政策理解错误，将会导致一系列的错误，这会给企业带来税务风险。

6. 其他原因

有时企业税务风险还会受到一些外部因素的影响，比如，经济形势和产业政策，市场竞争和融资环境，适用的法律法规和监管要求，税收法规或地方性法规的完整性和适用性，上级或股东的越权或违规行为，行业惯例，灾害等。

6.2 发票税务风险预防措施

知道了发票税务风险产生的原因，我们就可以采取以下措施去预防：

1. 企业树立发票税务风险意识

企业管理者应该以正确的态度去对待纳税问题，通过正确的纳税筹划合理节税，而不是采用违法手段去偷税漏税。企业管理者应该让财务人员参与经济业务，让他们把好关，做好事先预防措施，以免事后再去违法补救。

2. 提高企业财务人员水平

企业选任财务人员时，不要只想着任人唯亲，要注意财务人员自身素质和能力；工作中要积极鼓励和支持他们提升自己的专业能力；企业要给财务人员提供学习税法知识和提高税务实际操作技能的机会，努力将他们培养成高水平的专业人才。

3. 保证财务人员的稳定性

财务工作具有连贯性，企业财务人员如果流动太过频繁，将很难建立起有效的财务制度，很难规范财务流程，很难控制税务风险的发生。为了预防税务风险，企业要努力保证财务人员的稳定性，这样财务人员才能做到事前预防、事中警惕、事后审核。

4. 建立发票管理制度

企业应该根据自身的特点，建立一套适合自身的发票管理制度，并按照制度严格执行，发现问题后及时改正、完善。

一套发票管理制度主要包括以下内容：

（1）制定制度所依据的法律法规。

（2）责任人、责任部门、具体职责、责任追究。

（3）发票取得。

①供应商审核制度，以确保供应商能提供合规发票；

②合同中约定开票的具体要求，包括发票的类型、金额、送达时间，以确保及时取得合规的发票；

③业务经办人应主动索要合规发票，并对发票全部内容进行审查；

④及时验证发票的真伪；

⑤制定不合规发票情形及处理办法。

（4）发票传递时限、移交手续。

（5）发票认证，对无法认证的处理。

（6）发票丢失的处理。

（7）发票保管。

（8）发票领购。

（9）发票开具。

①开具时限；

②开具流程；

③开具所需资料：合同、结算单据、客户信息表等资料；

④开具范围；

⑤开具申请；

⑥开具原则及方法；

⑦发票作废或开具红字发票的流程。

（10）发票交付。

（11）发票邮寄。

（12）发票缴销。

（13）发票制度执行日期。

5. 建立发票税务风险自查制度

建立发票税务风险自查制度是企业防范发票税务风险的一种重要而有效的方法。企业不仅要建立一套适合自身的发票税务风险自查制度，还要在平时工作中严格执行下去，只有这样才能及时发现和处理税务风险，将风险消灭在萌芽状态，才能有效杜绝发票税务风险。对于自查时发现的问题，企业应该认真分析并总结经验，以防今后再犯。

6.3 几种常见发票税务风险

发票关系着国家的税收，所以管理得非常严格，在开具、保管、使用中有很多具体的要求和规定，如果违反了这些规定就会给企业带来税务风险。财务人员在开具、接收、使用和保管发票时注意防范这些风险，以免给企业带来不必要的麻烦。发票常见税务风险有以下几种：

1. 虚开发票风险

虚开发票是常见的一种发票税务风险，也是最恶劣的一种税务风险。虚开发票总结起来可以分两种情形：无业务发票虚开和有业务但内容不符的发票虚开。无业务发票虚开是指根本不存在商品交易，发票内容和金额都是虚构的；有业务但内容不符的发票虚开是指虽然有真实的商品交易行为，但是货物的名称或数量、价款被故意改变了。

根据《发票管理办法》第三十七条的规定，虚开发票，由税务机关没收违法所得；虚开金额在 1 万元以下的，可以并处 5 万元以下的罚款；虚开金额超过 1 万元的，并处 5 万元以上 50 万元以下的罚款；构成犯罪的，依法追究刑事责任。具体惩罚，前面章节已经详细介绍过，这里就不再赘述。

2. 接受虚开发票风险

有虚开发票的，就有接受虚开发票的。接受虚开发票根据主观意识的不同，分为恶意取得虚开发票和善意取得虚开发票两种。

什么是恶意取得虚开发票呢？其主观表现为故意取得无实质性业务或与业务内容不符的发票，用来申报抵扣税款进行偷税或骗取出口退税；其财务风险表现为成本占收入的比重比同行高很多，进销项税额的比对也比同行高很多。对于恶意取得虚开增值税专用发票，税务机关是严厉打击的，除了要补交税款、补交滞纳金、罚款外，严重的还要承担相应的刑事责任。

什么是善意取得虚开发票呢？就是纳税人实际经营中，是在毫不知情的情况下取得了虚开的增值税专用发票。即便纳税人善意取得的虚开专用发票，根据税法规定，其进项税额也不能抵扣或退税的，如果已经抵扣或退税，要补交有关税款。

3. 进行了实际经营活动，但让他人为自己代开增值税专用发票风险

《最高人民法院关于对为他人代开增值税专用发票的行为如何定性问题的答复》（简称为《答复》）和《最高人民法院关于适用〈全国人民代表大会常务委员会关于惩治虚开、伪造和非法出售增值税专用发票犯罪的决定〉的若干问题的解释》（简称《解释》）这两个文件都将"为他人的实际经营活动代开增值税专用发票的行为"归为虚开增值税专用发票罪。

这是不是意味着，虽然进行了实际经营活动，但是只要代开，不管是开票人还是请求代开的人都构成了虚开发票罪呢？

这个认定有些复杂，总结一下就是：如果不具备开专用发票的纳税人A，挂靠在能开专用发票的纳税人B下，实际经营活动中如果以B的名义对外签订合同，由B收取款项、开具专用发票，并且开票数额跟经营数额相符，不具有骗取国家税款的目的，也未造成国家税款的损失，则这种行为不构成虚开增值税专用发票罪。

如果让他人为自己代开增值税专票，一定要注意条件，否则就会背上虚开发票的罪。当然了非法代开发票，肯定是违法的，将会被依照虚开发票的行为进行处罚。

4.取得不合规定发票风险

取得不符合规定的发票风险是指对方开具的发票不符合发票填开要求，比如，没有填写纳税人的全称、没填写纳税人识别号、纳税人名称或识别号没有填写正确、应附清单的未附清单等。不合规定发票是不能用来作为财务报销的凭证的，如果企业已经入账，不仅面临多交税款的风险，还面临被处罚的风险。

5.发票备注栏未按规定注明相关信息的风险

国家对货物运输服务、建筑服务、出租不动产等发票的备注栏都有特殊的规定，如果纳税人没有按规定注明相关信息，将属于不合规发票，不能用来作为抵扣凭证和财务报销凭证。

6.发票其他税务风险

（1）销售方没有按照规定随意作废已经开具的发票；

（2）发票清单没有按照规定开具；

（3）取得税收洼地发票过多；

（4）大额费用支出发票证据链不充分；

（5）取得的发票一直未付款或采用现金支付。

知道了这几种常见发票税务风险，财务人员在工作中就尽量避免去碰触这些监管红线，另外，取得发票的时候也要注意甄别，不要收取任何有税务风险的发票。

6.4 虚开增值税普通发票的税务风险

可能有人觉得虚开增值税专用发票是用于抵扣税款或骗取出口退税，这造成了国家税款的流失，但是增值税普通发票既不能用来抵税，也不能用来出口退税，虚开应该没事，岂不知虚开普通发票同样具有极大的税务风险。

虚开普通发票虽然不能抵税、退税，但是可以虚列成本，少缴企业所得税，所以虚开普通发票不仅会受到行政处罚，情节严重的还会受到刑事处罚。你看下面这家企业就因虚开普通发票被移送司法机关。

纳税人名称	████ 科技有限公司
纳税人识别号或社会信用代码	9135████████████
组织机构代码	████████████
注册地址	████████████大道188号万和新城
法定代表人或者负责人姓名、性别及身份证号码（或其他证件号码）	法定代表人或者负责人姓名：████；性别：男；证件号码：350322********0552
违法期间法人代表或者负责人姓名、性别及身份证号码（或其他证件号码）	
负有直接责任的财务人员姓名、性别及身份证号码（或其他证件号码）	
实际负责人姓名、性别及身份证号码（或其他证件号码）	
负有直接责任的中介机构信息	
案件性质	虚开普通发票案件
主要违法事实相关法律依据及税务处理处罚情况	经国家税务████████局稽查，发现其存在以下问题：对外虚开普通发票39份，票面额累计375.26万元。依照《中华人民共和国税收征收管理法》等相关法律法规的有关规定，对其依法移送司法机关处理。

1.《发票管理办法》中规定任何单位和个人不得有下列虚开发票的行为：

（1）为他人、为自己开具与实际经营业务情况不符的发票；

（2）让他人为自己开具与实际经营业务情况不符的发票；

（3）介绍他人开具与实际经营业务情况不符的发票。

这里不能开的发票包括增值税普通发票和增值税专用发票，这三条的意思就是：

（1）任何单位和个人不管是为他人、为自己，还是让他人为自己、介绍他人，只要开具了与实际经营业务情况不符的发票，都是虚开发票。

（2）"与实际经营业务情况不符"这句话的意思就是，发票上的销货方、购货方、商品名称、数量、单价、金额只要有一处与实际经营业务不一致，就是虚开。比如，没有交易却开发票，是虚开；有真实交易，但是商品名称、数量、单价、金额不一致，也是虚开；商品名称、金额、数量、单价都对，但是东西卖给了甲，发票却开给了乙，这也是虚开；甲、乙之间没有真实业务，但是通过丙的介绍，甲给乙开了发票，甲、乙、丙都是虚开发票的相对人；等等。

（3）"介绍他人"分两种情况：一种是职业的，以此为生，赚取中介费，这是知法犯法；另一种是恰好知道有的企业发票多，有的企业发票不够，于是出于朋友帮忙，介绍了，这种行为多是因为不懂法。不过，不管是哪一种，不管"介绍他人"有没有收取介绍费，都是违法行为，都会受到法律的制裁。

虚开发票会受到哪些处罚呢？这里只介绍虚开增值税普通发票的处罚，增值税专用发票的处罚下面章节再介绍。虚开普通发票情节较轻的只受到行政惩罚，如果情节严重还会受到刑事处罚。

2. 虚开普通发票受到的行政处罚

（1）虚开金额在 1 万元以下的，可以并处 5 万元以下的罚款；

（2）虚开金额超过 1 万元的，并处 5 万元以上 50 万元以下的罚款；

（3）构成犯罪的，依法追究刑事责任。

3. 虚开普通发票受到的刑事处罚：

（1）情节严重的，处 2 年以下有期徒刑、拘役或者管制，并处罚金；

（2）情节特别严重的，处 2 年以上 7 年以下有期徒刑，并处罚金。

（3）单位犯前款罪的，对单位判处罚金，并对其直接负责的主管人员和其他直接责任人员，依照相关的规定处罚。

怎样才算情节严重呢？

（1）虚开发票 100 份以上或者虚开金额累计在 40 万元以上的；

（2）虽未达到上述数额标准，但 5 年内因虚开发票行为受过行政处罚 2 次以上，又虚开发票的。

比如，徐某注册了好多小规模纳税人，利用每季度 45 万元的免征额，集中给别人开了 150 份，合计金额 38.5 万元的费用发票。徐某被判处犯了虚开发票罪，受到了刑事处罚。

虚开普通发票，只要达到 100 份以上，不管金额是多少都会受到刑事处罚；只要金额达到了 40 万元以上，不论开了多少份，一样也会受到刑事处罚；还有不管开了多少份，金额是多少，只要在 5 年内因虚开发票受到过行政处罚 2 次以上的，再虚开发票就会受到刑事处罚。

此外，如果虚开普通发票达到 100 份以上或者虚开金额累计达 40 万元以上的，还构成重大税收违法案件，将会在重大税收违法失信案件信息公布栏公示。到时纳税人名称、纳税人识别号、组织机构代码、注册地址、法定代表人或负责人，或负有直接责任的财务人员、团伙成员姓名等都要公布出来，并且纳税信用级别直接判为 D 级。如果案件信息一经录入相关税务信息管理系统，作为当事人的税收信用记录永久保存。

从以上介绍中可以知道，虚开发票的处罚有多严重了。任何人不要有虚开发票的想法，不要抱着侥幸心理，觉得没事。现在是大数据时代，你什么时候开的票，开的是什么，大数据都知道并记录下来，这个税务风险会一直伴随着企业不会消失。如果你经营的是一家正规的企业，想要把企业长久经营下去，还是不要冒这样的风险了。与其想着偷税漏税，还不如将心思用在经营上，正正当当地挣钱。

6.5　虚开增值税专用发票的税务风险

最高人民法院关于适用《全国人民代表大会常务委员会关于惩治虚开、伪造和非法出售增值税专用发票犯罪的决定》的若干问题的解释文件中规定，具有下列行为之一的，属于"虚开增值税专用发票"：

（1）没有货物购销或者没有提供或接受应税劳务而为他人、为自己、让他人为自己、介绍他人开具增值税专用发票；

（2）有货物购销或者提供或接受了应税劳务但为他人、为自己、让他人为自己、介绍他人开具数量或者金额不实的增值税专用发票；

（3）进行了实际经营活动，但让他人为自己代开增值税专用发票。

此外，2014 年国家税务总局发布了《关于纳税人对外开具增值税专用发票有关问题的公告》（2014 年第 39 号），公告规定，纳税人通过虚增增值税进项税额偷逃税款，但对外开具增值税专用发票同时符合以下情形的，不属于对外虚开增值税专用发票：

（1）纳税人向受票方纳税人销售了货物，或者提供了增值税应税劳务、应税服务；

（2）纳税人向受票方纳税人收取了所销售货物、所提供应税劳务或者应税服务的款项，或者取得了索取销售款项的凭据；

（3）纳税人按规定向受票方纳税人开具的增值税专用发票相关内容，与所销售货物、所提供应税劳务或者应税服务相符，且该增值税专用发票是纳税人合法取得、并以自己名义开具的。

这段的意思就是，虚增增值税进项税额的企业，对外开具的增值税专票只要同时满足上面三个条件，就被认定为合法有效的票据，受票方纳税人就能用其作为增值税扣税凭证抵扣进项税额。

虚开增值税专用发票跟虚开增值税普通发票一样会受到行政处罚和刑事处罚。凡是违反《发票管理办法》虚开发票的，由税务机关没收其违法所得，并且还将受到以下行政处罚：

（1）虚开金额在 1 万元以下的，可以并处 5 万元以下的罚款；

（2）虚开金额超过 1 万元的，并处 5 万元以上 50 万元以下的罚款；

（3）构成犯罪的，依法追究刑事责任。

虚开增值税专用发票刑事责任是什么呢？根据《刑法》第二百零五条的规定：

（1）虚开增值税专用发票或者虚开用于骗取出口退税、抵扣税款的其他发票的，处 3 年以下有期徒刑或者拘役，并处 2 万元以上 20 万元以下罚金；

（2）虚开的税款数额较大或者有其他严重情节的，处 3 年以上 10 年以下有期徒刑，并处 5 万元以上 50 万元以下罚金；

（3）虚开的税款数额巨大或者有其他特别严重情节的，处 10 年以上有期徒刑或者无期徒刑，并处 5 万元以上 50 万元以下罚金或者没收财产；

（4）单位犯本条规定之罪的，对单位判处罚金，并对其直接负责的主管人员和其他直接责任人员，处 3 年以下有期徒刑或者拘役；虚开的税款数额较大或者有其他严重情节的，处 3 年以上 10 年以下有期徒刑；虚开的税款数额巨大或者有其他特别严重情节的，处 10 年以上有期徒刑或者无期徒刑。

如果纳税人取得虚开的增值税专用发票，会产生什么样的风险？税务局会怎么处理？ 1997 年，国家税务总局发布了《关于纳税人取得虚开的增值税专用发票处理问题的通知》（国税发〔1997〕134 号），通知规定处理如下：

（1）受票方利用他人虚开的专用发票，向税务机关申报抵扣税款进行偷税的，应当依照《中华人民共和国税收征收管理法》及有关规定追缴税款，处以偷税数额 5 倍以下的罚款；进项税金大于销项税金的，还应当调减其留抵的进项税额。利用虚开的专用发票进行骗取出口退税的，应当依法追缴税款，处以骗税数额 5 倍以下的罚款。

（2）在货物交易中，购货方从销售方取得第三方开具的专用发票，或者从销货地以外的地区取得专用发票，向税务机关申报抵扣税款或者申请出口退税的，应当按偷税、骗取出口退税处理，依照《中华人民共和国税收征收管理法》及有关法规追缴税款，处以偷税、骗税数额 5 倍以下的罚款。

（3）纳税人以上述第一条、第二条所列的方式取得专用发票未申报抵扣税款，或者未申请出口退税的，应当依照《中华人民共和国发票管理办法》及有关法规，按所取得专用发票的份数，分别处以 1 万元以下的罚款；但知道或者应当知道取得的是虚开的专用发票，或者让他人为自已提供虚开的专用发票的，应当从重处罚。

（4）利用虚开的专用发票进行偷税、骗税，构成犯罪的，税务机关依法进行追缴税款等行政处理，并移送司法机关追究刑事责任。

为了严厉打击虚开增值税专用发票活动，保护纳税人的合法权益，2000年，国家税务总局又发布了《关于纳税人取得虚开的增值税专用发票处理问题的通知》的补充通知，明确规定有下列情形之一的，无论购货方（受票方）与销售方是否进行了实际的交易，增值税专用发票所注明的数量、金额与实际交易是否相符，购货方向税务机关申请抵扣进项税款或者出口退税的，对其均应按偷税或者骗取出口退税处理：

（1）购货方取得的增值税专用发票所注明的销售方名称、印章与其进行实际交易的销售方不符的，即134号文件第二条规定的"购货方从销售方取得第三方开具的专用发票"的情况。

（2）购货方取得的增值税专用发票为销售方所在省（自治区、直辖市和计划单列市）以外地区的，即134号文件第二条规定的"从销货地以外的地区取得专用发票"的情况。

（3）其他有证据表明购货方明知取得的增值税专用发票系销售方以非法手段获得的，即134号文件第一条规定的"受票方利用他人虚开的专用发票，向税务机关申报抵扣税款进行偷税"的情况。

从以上处罚可以看出，国家对虚开增值税专用发票的态度是"零容忍"。国家税务总局稽查局相关负责人表示，税务部门将大力推进科技稽查、精准稽查、协同稽查，对"假企业""假出口""假申报"露头就打，持续形成对虚开骗税等涉税违法行为严厉打击的高压态势。所以各企业不要有一点虚开发票的想法。

6.6　虚开专用发票对纳税人信用的影响

虚开增值税专用发票不仅要受到行政处罚，要承担刑事责任，其信用也会受到影响。根据国家税务总局发布的《重大税收违法失信案件信息公布办法》，我们可以看到虚开发票信用将受到的影响。

《重大税收违法失信案件信息公布办法》第五条规定了什么标准的发票案件属于"重大税收违法失信案件"：

（1）纳税人伪造、变造、隐匿、擅自销毁账簿、记账凭证，或者在账簿上多列支出或者不列、少列收入，或者经税务机关通知申报而拒不申报或者进行虚假的纳税申报，不缴或者少缴应纳税款100万元以上，且任一年度不缴或者少缴应纳税款占当年各税种应纳税总额10%以上的；

（2）纳税人欠缴应纳税款，采取转移或者隐匿财产的手段，妨碍税务机关追缴欠缴的税款，欠缴税款全额10万元以上的；

（3）骗取国家出口退税的；

（4）以暴力、威胁方法拒不缴纳税款的；

（5）虚开增值税专用发票或者虚开用于骗取出口退税、抵扣税款的其他发票的；

（6）虚开普通发票100份或者金额40万元以上的；

（7）私自印制、伪造、变造发票，非法制造发票防伪专用品，伪造发票监制章的；

（8）具有偷税、逃避追缴欠税、骗取出口退税、抗税、虚开发票等行为，经税务机关检查确认走逃（失联）的；

（9）其他违法情节严重、有较大社会影响的。

第七条规定了对于重大税收违法失信案件信息，将会公布哪些信息：

（1）对法人或者其他组织，公布其名称，统一社会信用代码或者纳税人识别号，注册地址，法定代表人、负责人或者经法院裁判确定的实际责任人的姓名、性别及身份证号码（隐去出生年、月、日号码段，下同），经法院裁判确定的负有直接责任的财务人员、团伙成员的姓名、性别及身份证号码；

（2）对自然人，公布其姓名、性别、身份证号码；

（3）主要违法事实；

（4）走逃（失联）情况；

（5）适用的相关法律依据；

（6）税务处理、税务行政处罚等情况；

（7）实施检查的单位；

（8）对公布的重大税收违法失信案件负有直接责任的涉税专业服务机构及从业人员，税务机关可以依法一并公布其名称、统一社会信用代码或者纳税人识别号、注册地址，以及直接责任人的姓名、性别、身份证号码、职业资格证书编号等。

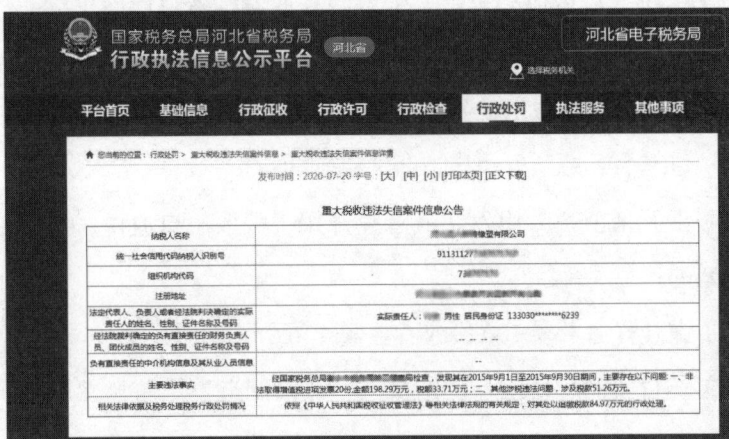

第十二条还规定了，案件信息一经录入相关税务信息管理系统，作为当事人的税收信用记录永久保存。

从《重大税收违法失信案件信息公布办法》的这些规定可以看出，虚开增值税发票一旦被查出，今后纳税人在贷款人、投资人、客户、供货商那里的信誉度就会下降，纳税人的经营也会受到不良的影响。

此外，《重大税收违法失信案件信息公布办法》还规定，对按《重大税收违法失信案件信息公布办法》向社会公布的当事人，还要依法采取以下措施：

（1）纳税信用级别直接判为 D 级，适用相应的 D 级纳税人管理措施；

（2）对欠缴查补税款的纳税人或者其法定代表人在出境前未按照规

定结清应纳税款、滞纳金或者提供纳税担保的，税务机关可以依据《中华人民共和国税收征收管理法》相关规定，通知出入境管理机关阻止其出境；

（3）税务机关将当事人信息提供给参与实施联合惩戒的相关部门，由相关部门依法对当事人采取联合惩戒和管理措施；

（4）税务机关依法采取的其他严格管理措施。

对于不向社会公布的当事人，其纳税信用级别直接判为 D 级，并适用相应的 D 级纳税人管理措施。所以不要心存侥幸，不要虚开发票，哪怕税额再小都不行。

6.7　怎样避免取得虚开发票

小王通过主管的讲解，知道了开具和取得虚开发票的风险，自己肯定不会给别人虚开发票，但是工作中应该怎样才能避免取得别人虚开的发票呢？小王自己思考后，怕考虑得不全面，又去向主管请教。

《中华人民共和国企业所得税法》规定，企业实际发生的与取得收入有关的、合理的支出，包括成本、费用、税金、损失和其他支出，准予在计算应纳税所得额时扣除。

《发票管理办法》规定，所有单位和从事生产、经营活动的个人在购买商品、接受服务以及从事其他经营活动支付款项，应当向收款方取得发票。取得发票时，不得要求变更品名和金额。不符合规定的发票，不得作为财务报销凭证，任何单位和个人有权拒收。

所以，纳税人取得虚开发票是不真实的，也是不合法的，不能作为财务凭证报销，不能计入成本费用在计算企业所得税时扣除。对于这样的发票，纳税人有权拒收，如果不拒绝就会承担相应的代价。

有时纳税人知道虚开发票是违法的，也知道会给企业带来巨大的税务风险，不应该收取虚开发票，但是如果不留心就会无意中取得虚开发票。

纳税人怎样避免这种情况呢？

（1）纳税人要以积极主动的态度去预防，提前采取有效的防范措施；

（2）对于每一笔涉及发票的业务，纳税人都要签订购销合同，同时妥善保管好销货方交货时的送货单、签收单等，注意这些单据上的名称均要跟购销合同及发票上开票方完全一致，如果不一致则拒收；

（3）取得发票后，要仔细核对发票上的内容，包括货物内容、开票单位和汇款账户等信息，是否跟业务实际发生情况、实际销售单位相符，注意查看是不是送货地或收款地处开具的发票，如果有不同的地方则拒收；

（4）审查发票上货物名称、规格、数量、金额及税额等全部内容是否跟送货单或签收单一致，是否跟实际业务一致，如果不一致则要求其改正，否则拒收；

（5）支付货款时，要直接将货款付给销售方银行账户上，并且金额要跟发票上的金额一致，注意不要用大额现金去支付货款；

（6）纳税人要保持警惕，不要听信从事虚开发票的"中间人"的诱惑，因贪图小利虚开发票给自己企业带来税务风险，同时还要注意了解供货单位以及相关业务的联络人，不要被他们欺骗和利用；

（7）对于收到的发票要及时查验其真实有效性，纳税人可以通过增值税发票综合服务平台进行查询，如果有迹象表明所取得的发票可能是虚开发票，则立即着手调查，情况属实的话要主动向税务机关报告。

6.8　善意取得虚开增值税专用发票的认定

有一天小王到办税服务大厅办事，遇到一个认识的会计小李，于是就聊了一会儿。小李说自己非常倒霉，在不知道的情况下取得了一张虚开的发票，现在正在办理这件事情。小王忙问小李有没有被处罚，小李说因为自己属于"善意取得"所以没被处罚，但是已经抵扣的进项税额需要转出了。小王回到公司后，忙去问主管什么是善意取得虚开的发票？

如果一不小心取得这样的发票应该怎么办？

2000年，国家税务总局在《关于纳税人善意取得虚开的增值税专用发票处理问题的通知》（国税发〔2000〕187号）中说明：

购货方与销售方存在真实的交易，销售方使用的是其所在省（自治区、直辖市和计划单列市）的专用发票，专用发票注明的销售方名称、印章、货物数量、金额及税额等全部内容与实际相符，且没有证据表明购货方知道销售方提供的专用发票是以非法手段获得的，对购货方不以偷税或者骗取出口退税论处。但应按有关规定不予抵扣进项税款或者不予出口退税；购货方已经抵扣的进项税款或者取得的出口退税，应依法追缴。

2007年，国家税务总局在《关于纳税人善意取得虚开增值税专用发票已抵扣税款加收滞纳金问题的批复》（国税函〔2007〕1240号）中说明：

纳税人善意取得虚开的增值税专用发票指购货方与销售方存在真实交易，且购货方不知取得的增值税专用发票是以非法手段获得的。纳税人善意取得虚开的增值税专用发票，如能重新取得合法、有效的专用发票，准许其抵扣进项税款；如不能重新取得合法、有效的专用发票，不准其抵扣进项税款或追缴其已抵扣的进项税款。

税法上的"善意"

税法上的"善意"跟我们平常所说的"善意"概念不同。税法上"善意"的判断基点是一个具有一定财税基本知识的人，是一般"内行"人都能对发票作出的常识性判断。

财务主管说

从以上两个文件可以看出，想要被税务局认定为是善意取得虚开增值税专用发票需要满足以下几个条件：

1. 购货方与销售方存在真实交易

是否存在真实的交易，是能否被认定为善意取得的核心要素。购货方想要被认定为善意需要提供相关材料，如购货合同、收货单、入库单等，证明其与销货方之间的交易是真实的。如果购货方不能证明交易的真实性，则就存在不能被认定为善意取得的风险，所以企业每一次交易不要嫌麻烦，每一个环节都要严格执行，并留下能证明的文件，然后保存好这些文件。

购货方想要自证清白，需提供以下证据：

（1）业务真实性的证据，包括：合同、商品运输凭证、入库、出库、销售、付款证明等；

（2）业务与发票符合性的证据，包括：收款方名称及发票章、品名、单价、金额等；

（3）不能有其他证据证明购货方公司知道发票是虚开的。

2. 取得的专用发票上注明的全部内容与实际相符

购货方取得的专用发票上注明的销售方名称、印章、货物数量、金额及税额等全部内容必须要跟实际相符，如果有一项不符，则有不被认定为善意取得的风险。现实中，有时会存在多发货未做处理，或退换货未做处理的情况，这将会导致发票内容跟实际情况不符，这时也要尽量留下相关证明材料，不过最好还是发现问题及时处理，以免留下隐患。

3. 销售方使用的是其所在省（自治区、直辖市和计划单列市）的专用发票

一般情况下，开票人应当跟合同签约销售方一致。购货方取得专用发票后，需要查看销售方是否跟签订合同方一致，从发票代码查看使用的发票是不是销售方所在省（自治区、直辖市和计划单列市）的发票。

增值税发票代码

增值税专用发票的发票代码为 10 位，编码规则：第 1~4 位代表省、自治区、直辖市和计划单列市，第 5~6 位代表年度，第 7 位代表批次（分别用 1、2、3、4 表示四个季度），第 8 位代表票种，第 9 位代表发票联次，第 10 位代表发票金额版本号。发票号码为 8 位，按年度、分批次编制。

增值税电子专用专票的发票代码为 12 位，编码规则：第 1 位为 0，第 2~5 位代表省、自治区、直辖市和计划单列市，第 6~7 位代表年度，第 8~10 位代表批次，第 11~12 位为 13。发票号码为 8 位，按年度、分批次编制。

财务主管说

这里需要注意，如果销售方的注册地是某计划单列市，那么其所用发票也必须是计划单列市的，不能用计划单列市所在省份的发票。比如，A 公司从注册地在厦门的 B 公司处取得专用发票，如果 A 公司财务人员发现这张发票是福建省的发票，那么很有可能这张发票就是虚开发票。财务人员收到发票后一定要注意检查，不放过每一个细节，以免给公司带来风险。

4. 购货方不知取得的增值税专用发票是销货方以非法手段获得的

善意取得在于没有证明表明购货方知道销货方提供的专用发票是以非法手段取得的，购货方主观上没有偷税的意识并且实际行动也没有具体的偷税行为，不是以骗取国家税款为目的。如果购货方资金流向与发票上的销货方不一致，则很难证明自己不知情。

现将虚开增值税专用发票善意与恶意的区别总结如下表：

项　　目	善意取得	恶意取得
交易情况	真实交易	没有交易、内容与实际不符
主观	没有证据表明知道非法获取	知道或故意
进项税	不抵扣 / 不退税；重新获得可抵扣 / 退税	不得抵扣 / 不得退税
滞纳金	不计算	不计算
处罚	无	有

6.9　善意取得虚开专用发票能不能抵扣进项税

2000 年，国家税务总局发布了《关于纳税人善意取得虚开的增值税专用发票处理问题的通知》（国税发〔2000〕187 号），通知规定：

购货方与销售方存在真实的交易，销售方使用的是其所在省（自治区、直辖市和计划单列市）的专用发票，专用发票注明的销售方名称、印章、货物数量、金额及税额等全部内容与实际相符，且没有证据表明购货方知道销售方提供的专用发票是以非法手段获得的，对购货方不以偷税或者骗取出口退税论处。但应按有关规定不予抵扣进项税款或者不予出口退税；购货方已经抵扣的进项税款或者取得的出口退税，应依法追缴。

购货方能够重新从销售方取得防伪税控系统开出的合法、有效专用发票的，或者取得手工开出的合法、有效专用发票且取得了销售方所在地税务机关已经或者正在依法对销售方虚开专用发票行为进行查处证明的，购货方所在地税务机关应依法准予抵扣进项税款或者出口退税。

从这个规定可以看出，善意取得虚开专用发票不能抵扣进项税款，不能出口退税，如果购货方已经抵扣进项税款或出口退税的，则要追缴税款。不过，如果能重新取得合法、有效的专用发票和查处证明，则可以准予退税。

2007 年，国家税务总局发布了《关于纳税人善意取得虚开增值税专用发票已抵扣税款加收滞纳金问题的批复》（国税函〔2007〕1240 号），批复中说明：

纳税人善意取得虚开的增值税专用发票被依法追缴已抵扣税款的，不属于税收征收管理法第三十二条"纳税人未按照规定期限缴纳税款"的情形，不适用该条"税务机关除责令限期缴纳外，从滞纳税款之日起，按日加收滞纳税款万分之五的滞纳金"的规定。

这个批复说明如果纳税人是善意取得虚开专票并被依法追缴已扣税款，那么纳税人再补缴税款时不用加收税款万分之五的滞纳金。

2012 年，国家税务总局发布了《关于纳税人虚开增值税专用发票征补税款问题的公告》（国家税务总局公告 2012 年第 33 号），公告规定：

纳税人虚开增值税专用发票，未就其虚开金额申报并缴纳增值税的，应按照其虚开金额补缴增值税；已就其虚开金额申报并缴纳增值税的，不再按照其虚开金额补缴增值税。税务机关对纳税人虚开增值税专用发票的行为，应按《中华人民共和国税收征收管理法》及《中华人民共和国发票管理办法》的有关规定给予处罚。纳税人取得虚开的增值税专用发票，不得作为增值税合法有效的扣税凭证抵扣其进项税额。

这个公告的意思就是纳税人虚开专用发票，如果未就其虚开金额申报并缴纳税款，应该按照其虚开金额补缴增值税；如果已经就其虚开金额申报并缴纳税款的，将不再按虚开金额补缴税款。不过，即便开票方补缴了虚开专票的全部税款，取得这张虚开发票的纳税人还是不能抵扣进项税额。

6.10　善意取得虚开发票能税前扣除吗

恶意取得的增值税专用发票，因为违背了真实性原则，所以企业所得税税前是不能扣除的，那么善意取得的虚开发票能在企业所得税税前扣除吗？

2018 年 7 月 1 日起正式实施的《企业所得税税前扣除凭证管理办法》（国家税务总局公告 2018 年第 28 号）第十二条是这样规定的：

企业取得私自印制、伪造、变造、作废、开票方非法取得、虚开、填写不规范等不符合规定的发票，以及取得不符合国家法律、法规等相关规定的其他外部凭证，不得作为税前扣除凭证。

这一条规定告诉我们，虚开发票不能作为税前扣除凭证。这里的虚开发票包括善意取得和恶意取得，也就是说，善意取得的虚开发票是不能作为税前扣除凭证的，但这并不代表这个成本就不能税前扣除。

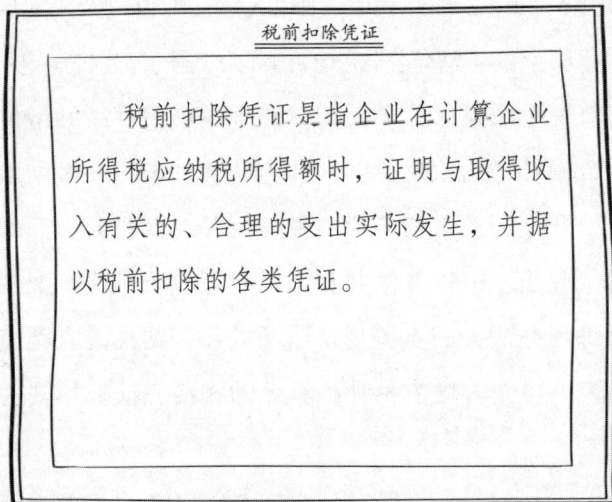

税前扣除凭证

税前扣除凭证是指企业在计算企业所得税应纳税所得额时，证明与取得收入有关的、合理的支出实际发生，并据以税前扣除的各类凭证。

财务主管说

《企业所得税法》第八条规定：

企业实际发生的与取得收入有关的、合理的支出，包括成本、费用、税金、损失和其他支出，准予在计算应纳税所得额时扣除。

《企业所得税法》是企业所得税中最高法律，这里面没有强制规定发票是唯一合法有效的税前扣除凭证。

善意取得虚开发票，说明该业务是真实的。《企业所得税税前扣除凭证管理办法》第十三条规定：

企业应当取得而未取得发票、其他外部凭证或者取得不合规发票、不合规其他外部凭证的，若支出真实且已实际发生，应当在当年度汇算清缴期结束前，要求对方补开、换开发票、其他外部凭证。补开、换开后的发票、其他外部凭证符合规定的，可以作为税前扣除凭证。

这条的意思就是，善意取得虚开发票的企业，如果在当年汇算清缴期结束前重新取得合法合规的发票，那么还是可以税前扣除的。如果在重新取得发票的过程中，遇到了一些特殊情况，不要着急，也可以根据相关政策进行税前扣除。

《企业所得税税前扣除凭证管理办法》第十四条规定：

企业在补开、换开发票、其他外部凭证过程中，因对方注销、撤销、依法被吊销营业执照、被税务机关认定为非正常户等特殊原因无法补开、换开发票、其他外部凭证的可凭以下资料证实支出真实性后，其支出允许税前扣除：

（1）无法补开、换开发票、其他外部凭证原因的证明资料（包括工商注销、机构撤销、列入非正常经营户、破产公告等证明资料）；

（2）相关业务活动的合同或者协议；

（3）采用非现金方式支付的付款凭证；

（4）货物运输的证明资料；

（5）货物入库、出库内部凭证；

（6）企业会计核算记录以及其他资料。

注意这里的第（1）项至第（3）项为必备资料。当然了，如果善意取得虚开发票的企业既无法重新取得合法合规发票，又无法满足《企业所得税税前扣除凭证管理办法》第十四条规定的条件，那么是不可以税前扣除的。

6.11　变名虚开发票的税务风险

变名虚开发票，是虚开发票中的一种，是指具有真实交易，但是开具发票品名（服务）与实际交易不符。

1. 变名虚开发票包括下面三种情况

（1）税率相同，不过将商品（服务）由 A 变成 B，比如，将"餐饮"发票变更为"住宿""会务费""服务费"等项目，将"月饼""粽子"变更为"纸张""耗材"，将烟酒变更为"办公用品"，将"借款利息"变更为"顾问费""服务费""手续费"等。

（2）为了增加抵扣金额，将劳务工资变成材料发票，比如，建筑安装公司发放劳务工资不做账，用开具的材料发票抵顶劳务费用，编造经营支出成本。

（3）将销售货物等高税率的增值税项目开具成销售服务等低税率的增值税项目，比如，将高税率的"运输费"等增值税项目开具为低税率的"装卸费"。

2. 变名虚开发票有以下几个方面的税务风险

（1）购进货物的进项税面临不能抵扣增值税的风险。因为变名发票使得企业取得的专用发票中货物与实际交易情况不符，违反了发票管理规定，所以不能用来抵扣进项税额，如果已经抵扣则企业需要做进项税额转出并补缴增值税及相应的城建税、教育费附加等。

（2）购进货物的成本面临不能在企业所得税前扣除的风险。企业取得的变名发票，是被税务机关认定为不符合规定的发票，从而不准许企业以此为凭据进行企业所得税前扣除，进而要求企业补缴企业所得税。

（3）承担虚开发票的税收行政处罚责任。在变名销售情况下，税务机关将按照虚开发票的税收违法行为，追究企业的法律责任，对其处以罚款、没收违法所得等行政处罚。

（4）可能面临承担虚开增值税专用发票罪的刑事责任。在变名销售情况下，一旦税务机关认定企业构成虚开发票，并按照《发票管理办法》第三十七条的规定施以行政处罚的，将会以企业涉嫌开具增值税专用发票罪为由将案件一并移送公安机关处理，企业相关负责人可能面临承担虚开增值税专用发票罪的刑事责任风险。

3. 变名虚开的税务风险防范

开具发票时，一定要特别注意以下几种情况：

（1）一定要按照实际商品开具发票，不得变更名称，不能按照客户不合理的要求开具发票。

（2）一定要保证所收到的发票，开票方也是按照实际商品开具的，没有变更名称开具与实际业务不符的发票。

（3）一定要选择适合的税收分类编码开具发票，取得发票也要审核开票方是否准确选择编码，同一商品开具发票和取得发票的编码一致。

（4）专用发票商品名称比较多的，一定要规范开具销货清单，而且销货清单必须在开票系统中开具。

（5）坚决杜绝买卖发票，轻则补税，加收滞纳金、罚款，情节严重则会触犯刑法，承担刑事责任。

6.12 环开、对开发票的税务风险

生产实践中，有些企业为了增加业绩，为了上市、融资授信，为了取得国家财政返还，为了绩效考核，为了完成销售指标或销售排名，会在没有真实交易的情况下，两方或多方企业通过相互对开或环开金额相近的发票，以此来虚增营业额。不管出于什么目的，环开和对开，其实都是在没有真实交易的情况下而开具发票的，都是虚开发票，都是不合法的。

开具发票

支付款项

A公司 —————————— B公司

开具发票

支付款项

A公司

开具发票   开具发票

支付款项   支付款项

支付款项

B公司 —————————— C公司

开具发票

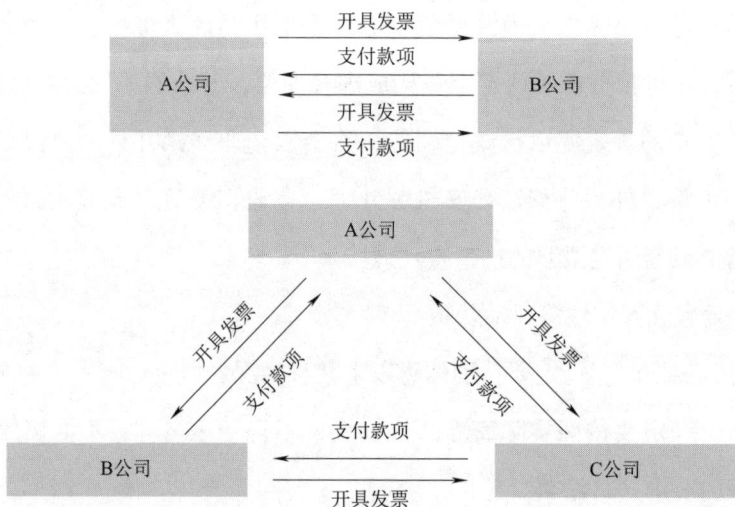

比如，某集团公司下属 A 公司、B 公司和 C 公司，为了完成总公司下达的第一季度销售指标，在没有真实交易的情形下，互相给对方虚开增值税专用发票，即 A 公司给 B 公司开具增值税专票，然后 B 公司又给 C 公司开具金额差不多的增值税专用发票，接着 C 公司又给 A 公司开具了金额相近的发票，这样 A、B、C 三个公司虽然都开具了发票，但是也都收到了数额相近的进项抵扣发票，所以不用额外多缴纳太多税款，但是他们却按时完成了总公司第一季度的销售指标。

还有一种对开发票的情形，就是某公司销售出去的货物由于种种原因发生了销售退回，这种情况按照相关规定，本应该开具红字发票的，但是有些销售方却不这么干，而是让购货方直接开具一份正数的销售发票，这样就两相抵消了。

不管环开和对方有没有少缴纳税款，都已经触犯了《发票管理办法》中虚开发票行为，都会受到相应的处罚。不过，对于这种"不以偷逃税款为目的"的对开、环开专用发票，到底构不构成犯罪现在说法不一。

2020 年 7 月，最高人民检察院发布了《关于印发〈最高人民检察院关于充分发挥检察职能服务保障"六稳""六保"的意见〉的通知》，在"依法维护有利于对外开放的法治化营商环境"第三条中说：

依法慎重处理企业涉税案件。注意把握一般涉税违法行为与以骗取国家税款为目的的涉税犯罪的界限，对于有实际生产经营活动的企业为虚增业绩、融资、贷款等非骗税目的且没有造成税款损失的虚开增值税专用发票行为，不以虚开增值税专用发票罪定性处理，依法作出不起诉决定的，移送税务机关给予行政处罚。

从上面的规定可以看出，没有骗税目的且没造成国家税款损失的对开、环开在刑法上是不构成虚开增值税专用发票罪的，但是还得接受税务机关的行政处罚。除了被罚款，还面临以下风险：

（1）企业发生销货退货，应按规定开具红字发票，如果不按规定开具红字发票，重开发票的增值税额将不得从销项税额中抵减，这样就会导致企业会被重复计税，增加企业的税收负担；此外，如果企业没按规定开具红字发票，一旦被税务稽查，将会被责令限期改正，没收该所得，并处 10 000 元以下的罚款；

（2）对开、环开会让企业多缴印花税、城市维护建设税等，从而增加企业税收负担；

（3）对开、环开发票，虚增了销售收入，这样在计算企业所得税时会多扣除了业务招待费、广告费、福利费等，会给企业带来调增企业所得税的风险，除了补缴企业所得税，还要缴纳滞纳金。

比如，A、B、C 企业为了贷款，相互环开发票 1 000 万元，最后得偿所愿各自贷款了 1 000 万元。不过后来被税务机关发现了，我们来看看 A、B、C 三家企业各需要付出什么代价：

（1）面临 5万~50 万元的行政罚款；

（2）进项税 130 万元不能抵扣；

（3）补缴企业所得税、滞纳金，并处于 50% 到 5 倍以下的罚款；

（4）纳税信用登记被直接判定为 D 级，如果企业被判定为 D 级将处处受限；

（5）银行收回贷款，有的可能还会构成诈骗罪。

想要对开、环开的纳税人在实施之前要好好想想这样做到底值得吗？

企业还是要依法经营，尤其是企业负责人一定要有守法意识，严格规范企业的财务行为，这样才能从源头上杜绝对开、环开的行为。

6.13 应开未开发票的税务风险

有一天小王买完东西后，要对方开具发票，对方以开票人不在为由不给小王开票。小王想起来《发票管理办法》中规定不开发票最高可处以 1 万元的罚款，于是就将这条规定大声念给对方听。对方听到罚款后，忙让小王稍等一下，自己马上让人给小王开票。

《发票管理办法》第十九条规定，销售商品、提供服务以及从事其他经营活动的单位和个人，对外发生经营业务收取款项，收款方应当向付款方开具发票；特殊情况下，由付款方向收款方开具发票。

而《发票管理办法》第三十五条规定，应当开具而未开具发票的，或者未按照规定的时限、顺序、栏目，全部联次一次性开具发票，或者未加盖发票专用章的，由税务机关责令改正，可处 1 万元以下的罚款。

根据《税收征收管理法》第六十三条的规定，纳税人通过不开发票来不缴或少缴税款，如果被税务机关认定为"偷税"的，不仅将被追缴不缴或少缴的税款及滞纳金，还会被处以不缴或少缴税款 50% 以上 5 倍以下的罚款；构成犯罪的，将依法追究刑事责任。

从上面规定可以看出，企业销售货物或提供劳务应该给购货方开具符合规定的发票，如果不开发票会给企业带来以下风险：

1. 行政处罚的风险

比如，2020 年，A 企业销售 100 万元的货物给 B 企业，但是直到 2020 年年底 A 企业只给 B 企业开具了 60 万元的增值税专用发票，剩下的 40 万元一直没给开，但是 A 企业在账面上已经做了无票收入并缴纳了相关税费。B 企业因为没有取得发票，而无法进行进项抵扣，于是就举报 A 企业不开具发票。税务局根据相关规定，要求 A 企业给 B 企业开具符合规定的发票，如果 A 企业拒不开具将受到税务机关的行政处罚。

2. 有税务预警，查账补税的风险

如果税务机关查到企业已经实现销售，纳税义务已经发生，但是企业账上却没有做收入，那么就会责令企业补缴相应的增值税、印花税、城建税及企业所得税等相关税费，并且还要加收滞纳金，可能还有罚款。

如果受票方确实不要发票，比如，餐饮业、零售业等，大部分客户是个人，大多不会索要发票，这时应该怎么办呢？那就做无票收入，在申报增值税的时候将金额填在"无票收入"栏中，其中的销售额 = 收到的货款 /（1+ 适用税率），不过要记得保留相关证据，如合同、收款记录等，以备查证。

3. 影响企业纳税信用等级评分

国家税务总局 2020 年 9 月发布了《国家税务总局关于纳税信用管理有关事项的公告》（国家税务总局公告 2020 年第 15 号），公告规定，对因评价指标得分被评为 D 级的纳税人，次年由直接保留 D 级评价调整为评价时加扣 11 分。

2014 年国家税务总局发布《纳税信用评价指标和评价方式（试行）》的公告》（国家税务总局公告 2014 年第 48 号），附件《纳税信用评价指标和评价方式（试行）》中规定：030101. 应当开具而未开具发票，030102. 使用电子器具开具发票，未按照规定保存、报送开具发票数据的（按次计算），每次将扣 5 分；030103. 未按规定开具发票的，每次将扣 3 分。如果因扣分被评为 D 级纳税人，将得不偿失。

4. 经营和税收上的风险

（1）资产和负债分类不准确风险。比如，A 企业购买的是固定资产，因为不要发票价格便宜，于是 A 企业就没要发票。因为 A 企业没有取得发票，只能计入其他应收款中，这样就会导致账面上资金往来不实。

（2）经营效率效果不实风险。还是上例，因为购买的固定资产没有发票，不能入账，所以不能计提折旧，这些折旧费不能计入相应的制造费用中，导致产品生产成本不真实，进而导致企业主营业务成本不真实。

（3）税收风险。购货方不要发票，会导致进项税减少，销售方可能不将这部分收入计入收入，从而少记销售税额，引起增值税风险。

为了避免应开未开发票的税务风险，开票方企业要注意以下几点：

（1）要按相关法律法规开具正确的增值税发票；

（2）如果客户能抵扣进项税额，那就尽量给客户开具增值税专用发票；

（3）如果受票方提出一些不合规矩的要求，开票方尽量坚持自己的原则；如果实在不能坚持，则让受票方作出书面承诺，所产生的责任将由受票方自己承担。

受票方需要注意以下几点：

（1）如果受票方可以抵扣进项税额，要求销售方开具增值税专用发票，如果销售方拒绝，可要求销售方赔偿相应的税款损失及同期银行利息；

（2）如果开票方没有按照相应的法律法规开具发票，受票方有权与销售方换票，如果销售方不换票，受票方可以向税务机关举报。

缴　税

开具发票也不一定要缴税。如果是一般纳税人，只要当期有进项发票，其应纳税额等于当期销项减去进项后的余额；如果是小规模纳税人，只要月销售额没有超过15万元（或1个季度销售额没有超过45万元），是免征增值税的。

财务主管说

6.14　错开发票的税务风险及预防

所谓错开发票，是因为财务人员操作失误或采购人员对账出错而导致发票填写不规范或发票上的内容跟实际业务不符。

错开发票与虚开发票有着本质的区别，前面已经详细介绍了虚开发票，本节主要介绍错开发票的几种情形及注意事项。

1.购买方的名称填写不规范，纳税人识别号未填写或填写不准确，项

目填写不齐全

对于这种发票应该退回开票方，要求开票方重新开具合规的发票。

注意：这样的发票不可以在票面上涂改并加盖单位公章，这种做法是无效的。

2. 名称、单位、数量、金额、税率等项目开具错误

对于这样的发票也要退回开票方要求其作废重开，如果不能作废重开，只能先开具红字发票，再开具正确的蓝字发票。开票人在开具发票时要仔细核对，确保发票填写无误，商品和服务编码、税率都选择正确。

3. 发票打印压线错格、字迹不清楚，发票号码错误等

对于这样的发票也要退回重开。开票人在打印发票前要调整格式，确保发票内容都打印在相应的区域内，并且字迹清楚。每次打印前，要检查开票系统中的发票号码与纸质发票号码是不是相符，核对无误后再行开具。

发 票 项 目

（1）石粉属于非金属矿产品，不能选择金属矿产品编码；

（2）电梯的维护保养，属于其他现代服务，税率是 6%，不能选择修理修配劳务，不能将税率选错，否则付款方就不能进行进项税额抵扣，不能在计算企业所得税时税前扣除；

（3）装卸费属于物流辅助服务，不能选择运输服务；

（4）销售不动产时，企业应在发票"货物或应税劳务、服务名称"栏填写不动产名称及房屋产权证书号码（无房屋产权证书的可不填写），"单位"栏填写面积单位；

财务主管说

<u>发 票 项 目</u>

（5）建筑工程总承包单位为房屋建筑的地基与基础、主体结构提供工程服务，如果建设单位自行采购全部或部分钢材、混凝土、砌体材料、预制构件的，则适用简易计税方法计税，付款方若取得10%的增值税专用发票，不得抵扣进项税额，也不得在企业所得税税前扣除；

（6）小规模纳税人销售不动产征收率是5%，不要错误地选成3%。

财务主管说

4. 盖章错误

对于这样的发票在相应的位置加盖发票专用章即可，要保证盖章清晰、完整。

注意：

（1）如果盖章不清晰或不完整，可不可以在旁边加盖一个清晰、完整的发票专用章，每个地方的税务局口径不一，要以当地意见为准；

（2）如果只是发票专用章盖反了，一般情况下税务机关是认可的；

（3）如果加盖了财务专用章、公章，是不能再在发票上补盖发票专用章的，可以退回重开。

5. 建筑服务、不动产销售、运输服务等发票没按相关要求填写"备注"栏

这样的发票要退回重开。开票人要严格按照税法的相关规定，填写这类发票的备注栏。比如，提供建筑服务的，要在发票的备注栏注明建筑服务发生地县（市、区）名称及项目名称；提供不动产租赁的，要在备注栏注明不动产的详细地址；销售不动产的，要在发票备注栏注明不动产

的详细地址。

6. 发票票种开具错误

这样的发票要退回重开。开票人要注意不应该开具专用发票的，要开具普通发票，比如，销售商业预付卡或接受持卡人充值时，只能开具不征税的增值税普通发票，而不能开具增值税专用发票。

根据《发票管理办法》第三十五条的规定，未按照规定的时限、顺序、栏目，全部联次一次性开具发票，或者未加盖发票专用章的，由税务机关责令改正，可以处 1 万元以下的罚款；有违法所得的予以没收。

第四十条规定，对违反发票管理规定 2 次以上或者情节严重的单位和个人，税务机关可以向社会公告。

第四十一条规定，违反发票管理法规，导致其他单位或者个人未缴、少缴或者骗取税款的，由税务机关没收违法所得，可以并处未缴、少缴或者骗取的税款 1 倍以下的罚款。

如果因错开发票导致对方不能抵扣税款，或不能做企业所得税税前扣除的，还会存在要赔偿对方多缴纳的税款，及滞纳金和罚款的风险。开票人在开票的时候，要注意核对，尽量避免将发票开具错误。

6.15 随意作废已开具发票的税务风险

小王有个朋友也是做会计的，在一家小公司上班。有一天，那个朋友跟小王抱怨自己想换一份工作，因为他感觉自己的老板不靠谱，自己待在这样的公司太危险，有时月底的时候老板让朋友将一些没有任何问题的发票作废，等下月再开，这样就可以少交增值税了。小王听说后，忙让朋友赶紧辞职，因为那个老板正在做违法的事情。

随着电子税务的上线，发票作废也变得便捷很多，不过再便捷的发票也不能随意作废，否则就会给企业带来风险。因为发票作废是要满足一定条件的，只有达到作废条件才能作废发票。

1. 发票作废需要满足的条件

发票作废需要满足什么条件呢?

（1）开具错误。比如，将对方名称、纳税人识别号，或发票中的内容、数量、金额等信息填写错误。这样开具错误的发票，如果当时发现，可以当时作废，并在原发票上注明"作废"二字后，重新开具即可。

（2）销货退货。企业如果开具发票后发生了退货、换货，这时需要开具红字发票，并将原发票全部联次收回，并在上面注明"作废"二字。

（3）销售折让。如果企业将产品销售出去后，客户发现产品存在问题，后来购销双方达成一定的折扣，这时销售方需要将原发票收回作废，然后重新开具发票给对方。

（4）服务中止。销售方为客户提供某项服务，并已经开具了全额发票，如果这时发生了部分中止，则需要将已经开具的发票作废。

作为开票方在满足作废条件作废发票前，也要问清楚对方是否已经将发票做了认证。如果对方已经将该发票认证了，那么需要取得对方主管税务机关出具的开具红字发票通知单和拿到发票联和抵扣联后才能作废，否则将会被税务局调查。

作废的时候，要记得双重作废，既要在纸质发票上注明"作废"字样，还要在增值税管理系统中进行电子作废，否则就会造成数据对比不符，给企业带来税务风险。

作为受票方，取得发票后要注意审查，尤其是月底取得的发票，要及时审查，这样发现问题好及时弥补。

2. 违规作废发票

企业如果不是因为以上原因而作废发票，就是违规作废发票。违规作废发票主要有以下几种情况:

（1）恶意隐瞒收入。因为小规模纳税人有增值税起征点，有些企业为了不缴增值税，会故意作废一些发票，等下月再开。比如，小规模纳税人 A 企业，2021 年 6 月底发现这个月已经开了 16 万元的发票，超过了起征点 15 万元，于是就跟一家老顾客 B 企业商量，将开具给 B 企业的 1.2

万元发票作废，等 7 月再重新开给他，这样 A 企业 6 月份就不用缴纳增值税了。

有些一般纳税人，发现当月发票开具太多，销项税额过大，而进项税额发票又太少，于是就故意作废一些发票，从而达到少缴增值税的目的。

这些行为都是违反发票管理规定的。大数据时代，还敢这样操作，等于主动请税务机关快来查。因为你每开一张发票、作废一张发票都在大数据的监控之下，税务机关已经将发票作废、次月重开的纳税人，尤其是在起征、免征附近的情形作为稽查重点了。

（2）恶意勾结，一方违规作废，一方虚列本钱。有一些企业为了各自的利益相互勾结，他们在有实际业务的前提下，一方故意将已经开具的发票作废，不过却没有将应该收回的发票联收回。这样受票方还能用此发票虚列本钱，而开票方却不用交税。这样双方都达到了偷税的意图，造成了国家税收的流失。

（3）涉嫌虚开发票。有些涉嫌虚开发票的违法企业，为了避免因为税收风险疑点被税务局关注，当发现销售额、税负异常时，就会主动将部分发票作废，已达到继续虚开发票的目的。

现在增值税发票管理系统会在发票作废时，即刻进行对比提醒，如果你不顾这些提示，还要恣意妄为，那么等待你的可能会是补缴税款、加收滞纳金、罚款，严重的还会被移交司法机关。所以不要去碰触法律的红线，与其想通过非法手段减少税款，不如好好研究国家的税收政策，利用优惠政策做好税收筹划。

6.16　取得证据链不充分发票的税务风险

企业财税风险管理的关键在于证据链。只要证据链完善，并且跟经营行为保持一致，就能保证企业的风险可控，即便有税务检查，也无须担忧。财务人员在工作中要关注一些相关证据链，因为税务机关也是通过经营行为中的证据链来了解企业经营是否合法。财务人员尤其要关注以下几个核心点。

1. 合同中的核心关注点

（1）合同是对经营行为系统、客观的描述，发票是这个行为的结果，财务人员也要关注与发票相关的合同。

（2）关注合同中核心交易的界定和表述，到底是产品销售、提供服务或劳务，还是投资行为、资金借贷等。

（3）关注合同中交易价款的表述与支付，是含税价还是不含税价，价款的支付选择的是什么方式，支付方是否正确。

（4）关注合同中规定将取得何种发票，什么时候取得。

（5）看看是否需要补充协议，有时可通过补充协议将公开内容与私密内容分开，这样可以规避一些风险。

2. 发票的核心关注点

（1）关注所取得的发票是否与交易行为相符合，税率是否正确，取得的发票是否符合法律法规的规定，是否存在虚开发票的嫌疑。

（2）不是所有的交易都需要开具发票，只有发生了增值税应税行为才能开具发票，像补偿款、一部分违约金、政府补助是不提供发票的。

（3）要特别关注发票的虚开问题，现在都是大数据监管，千万不要触犯法律法规。

3. 资金流的核心关注点

（1）很多税务稽查的突破口都是从资金流中找到的，所以要重视证据链中的资金流。

（2）资金流的关注点在于账上有没有资金流？支付方式上是不是存在大量的现金交易？支付的对象与合同还有发票是否一致？支付出去后是不是有回流的情况？

（3）资金流上的时间点与合同、发票上的时间点是否一致？如果不一致，是否有合理的理由。

4. 其他一些容易被忽视的关注点

（1）企业内容产生的相关证据。比如，相关的物流证据：供应商的发货单，库管的入库单，生产时的出库单、领用单，还有外部运输的合同、协议、运输单据等；比如，内部成本与费用计算的相关证据：工资表，结转成本时的分摊表，固定资产和无形资产的折旧摊销表，工程施工单位提供的决算报告或决算表。

（2）中介机构的相关鉴定报告。比如，审计报告、造价审核报告、评估报告、法律意见书、税务鉴定报告等。

（3）司法机关的相关证据。比如，法院判决书、和解书，仲裁机构出具的仲裁书等。这些证据是在双方争议不可调和时，司法机关给出的意见和裁判，是重要的财税证据，里面往往会有交易性质的判断、价格的认定，还有交易双方责任和义务的认定等。

（4）政府的相关证据。比如，来自政府的相关文件、会议纪要、协议等，这些都是重要的财税依据。

现在很多费用，比如，会务费、办公费、劳保用品费等，不能仅凭一张发票就可以报销。企业想要让报销的发票都能得到税务机关的认可，除了取得的发票要合法合规外，还需要有相应的证据链来佐证。这样才能规避发票中的税务风险，否则就会面临不能报销、不能抵扣、不能在企业所得税税前扣除的风险。

比如，想要报销大额会务费发票，还需要提供会务审批单、会务合同/协议、会务进程单、出席人员签到单、付款证明、会务费预算情况、会务现场照片/其他影像资料等证据链。

企业想要报销大额办公费发票，还需要提供购买办公用品的审批单、采购办公用品的合同/协议、办公用品清单或明细表（需要列出货物名称、单价、数量等）、有效的付款凭证等。

企业想要报销大额工装费发票，还需要提供购买工装的采购合同，企业内部制度要求员工上班必须穿戴工作服，企业劳动手册上明确写着工作服属于企业所有，有的企业还会注明员工离职要将工作服交还，此外，工装服的价格应该符合行业一般标准，不能远高于行业价格，也不能远高于生产经营需要的要求。

其他,像培训费、加油费、教育经费、旅游费、差旅费等都需要证据链,财务人员在记这些费用时要保留好相关证据,以便税务机关查询。

6.17 利用"税收洼地"开票的税务风险

所谓"税收洼地"是指在特定的行政区域内,当地政府为了吸引企业入驻、扩充本地税收来源,促进当地经济的繁荣和发展,制定一系列的税收优惠政策、地方留存返还政策、简化税收征管办法等。只要在那个指定行政区域内注册的企业就能享受这些优惠政策,从而大幅减低了企业税负,于是这个行政区域就被称为"税收洼地"。

与其他地方相比,在"税收洼地"的企业有以下优势:

(1)可以利用"核定征收"来降低税负。与其他地方相比,"税收洼地"核定征收率更低,如果企业利用核定征收的方法来计算公司制的企业所得税或合伙制、个人独资的个人所得税,所缴纳的税款会更少。

(2)能享受的优惠方式较多。企业可以将原本的业务分包给在"税收洼地"注册的新公司,从而实现降低税负;也可以直接在"税收洼地"成立分公司,从而享受优惠政策。

(3)利用税收地方留存返现降低税负。有的地方为了吸引企业,会将地方留存税金拿出来返还给企业,这样企业就能少缴纳税款。

企业利用"税收洼地"降低企业税负时,要注意其存在的风险。因为 2021 年 3 月,中共中央办公厅、国务院办公厅印发了《关于进一步深化税收征管改革的意见》的文件,文件强调了对"税收洼地"逃税的防控:

(十九)加强重点领域风险防控和监管。对逃避税问题多发的行业、地区和人群,根据税收风险适当提高"双随机、一公开"抽查比例。对隐瞒收入、虚列成本、转移利润以及利用"税收洼地"、"阴阳合同"和关联交易等逃避税行为,加强预防性制度建设,加大依法防控和监督检查力度。

(二十)依法严厉打击涉税违法犯罪行为。充分发挥税收大数据作用,依托税务网络可信身份体系对发票开具、使用等进行全环节即时验证和监控，实现对虚开骗税等违法犯罪行为惩处从事后打击向事前事中精准防范转变。健全违法查处体系，充分依托国家"互联网＋监管"系统多元数据汇聚功能，精准有效打击"假企业"虚开发票、"假出口"骗取退税、"假申报"骗取税费优惠等行为，保障国家税收安全。对重大涉税违法犯罪案件，依法从严查处曝光并按照有关规定纳入企业和个人信用记录，共享至全国信用信息平台。

从上面文件中的内容可以看出国家将严厉打击利用"税收洼地"来逃税的行为。

在这种时候，在"税收洼地"注册公司用来节税的企业应该怎么规避"税收洼地"的涉税风险呢？

（1）必须保证注册的地址是真实的，经营场所也是真实的，如果不真实就有被税务稽查的风险。

（2）必须配备与业务规模相匹配的办公人员。企业的业务都是靠人来完成的，如果企业的营业额非常大，达几千万元，人员只有一个、两个，这种不正常的配备会给企业带来税务风险。

（3）业务往来必须是真实的。有些企业直接将在"税收洼地"注册的公司当成了一个开票公司，根本没有真实的业务往来，这种情况下开具发票属于虚开发票的行为，查到就被处罚。比如，2020 年深圳某企业就因为利用"税收洼地"逃税被查，需要补税 5 000 多万元，还要加收万分之五的滞纳金。

（4）必须保证真实的资金流向。不管企业是销售货物，还是提供服务，资金流必须要是真实的，数额也要是真实的，并且款项还要是公对公。

（5）必须要有能证明业务真实性的证据链，如合同、物流单据、付款凭证等。比如，企业取得了"税收洼地"的咨询费，除了正规的发票外，还要有完成需要提供咨询专家的专业资质、专业能力及简介等证明材料，此外，所咨询的事项还要跟企业生产经营有直接的相关性，另外要保存好咨询事项、签订的合同、完成项目计划、时间、人员安排，支付款项方式、成果体现方式（如方案、报告等资料），以及后续针对咨询事项的实施、调整、效果等情况资料。

（6）必须要有能证明业务真实性的服务合同或协议。不要觉得只要签订了合同的发票就没问题了，合同只是次要证据之一，不能简简单单就一页纸，要全面真实，里面要有更多的细节，比如，时间点、流程、成果展现等。

（7）个体户、个人独资企业发生的业务必须要具有合理的商业目的。有些企业高管，为了规避较高的个人所得税，于是就到"税收洼地"成立一个个人独资企业，通过个人独资企业开具咨询费发票，公司将工资打给个人独资企业，这样一来高管只用缴较少的个人所得税。这样的个体户、个人独资企业就是不合理的，将给企业带来风险。集团公司设立个体户，个人独资企业要符合集团战略发展目的，要符合经营的需求，要融入整个产业价值链中，只有这样才符合商业目的，才不会带来税务风险。

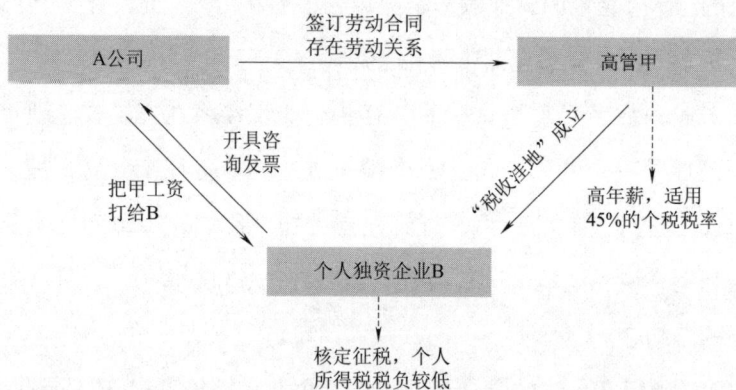

（8）个体户、个人独资企业发生的业务定价必须是合理的。不管个体户、个人独资企业是销售货物，还是提供劳务或服务，其定价都要合理，如果定价明显偏低或偏高，都有转移利润的嫌疑。

如果在"税收洼地"的企业被风控，那么该企业法人对应的其他企业可能也会受到牵连，可能也面临被税务机关抽查的风险，所以在税收洼地的企业还是踏踏实实做生意，否则将面临严厉的打击。

6.18　企业现金支付的涉税风险

一天，主管让小王写几张汇款申请单，准备按照合同给几家供应商汇款。这些汇款单填起来很麻烦，因为要填写对方的银行账户、开户行等信息，非常烦琐。小王有些不解，这几家供应商就在附近，为什么不直接给现金，非要通过银行汇款？主管告诉他，虽然付现金很方便，但有时会给企业带来一些不必要的风险，所以能不用现金支付的坚决不用现金支付。

虽然非现金支付现在已经普及，但是现金支付也是企业常用的一种支付方式。企业使用现金支付时，要注意以下三种情况如果使用现金支付会有多缴企业所得税的风险。

第一种:《企业所得税税前扣除凭证管理办法》(国家税务总局公告 2018 年第 28 号) 第十四条规定，企业在补开、换开发票、其他外部凭证过程中，因对方注销、撤销、依法被吊销营业执照、被税务机关认定为非正常户等特殊原因无法补开、换开发票、其他外部凭证的，可以凭借一些资料证实支出真实性后，这个支出就可以税前扣除。这里所需的资料中就有"采用非现金方式支付的付款凭证"这一项。如果企业这项支出采用的是现金形式，那么这项支出就不能税前扣除。

例如，2021 年 4 月，A 公司用现金支付给 B 公司 20 万元的设计费，当月并没有取得发票，于是 A 公司就用合同和付款收据先做了账。后来，A 公司一直没取得发票，而后 B 公司因为经营不善注销了。那么 A 公司2021 年汇算清缴时，需要将这笔 20 万元的设计费做调增处理，因为它采用了现金支付，不能税前扣除。如果 A 公司支付时采用非现金支付方式支付，还能凭借相应的资料做税前扣除。

第二种:《财政部　国家税务总局关于企业手续费及佣金支出税前扣除政策的通知》(财税〔2009〕29号)第二条规定,企业应与具有合法经营资格中介服务企业或个人签订代办协议或合同,并按国家有关规定支付手续费及佣金。除委托个人代理外,企业以现金等非转账方式支付的手续费及佣金不得在税前扣除。

这项规定的意思就是,企业支付给中介企业的手续费和佣金,必须通过转账的方式支付,否则就不能税前扣除。不过如果采用现金方式支付给个人的手续费和佣金,只要符合其他条件是可以税前扣除的,但支付给中介企业的则必须是转账方式。

比如,2021年C公司跟D中介服务企业签订了代办协议,当年用现金支付了100万元的佣金,并入了账。C企业2021年汇算清缴时,需要将这100万元做纳税调增,因为采用现金支付不能税前扣除。

第三种:根据企业所得税法及其他法规,企业发生的合理的工资薪金支出是准许税前扣除的。这里对支付方式并没有做特别的说明,包括支付给残疾人的薪金。不过《关于安置残疾人员就业有关企业所得税优惠政策问题的通知》(财税〔2009〕70号)中规定,企业雇用残疾人如果想要享受100%加计扣除的税收优惠政策,就必须满足给残疾人的工资薪金需要通过银行等金融机构支付。如果采用的是现金支付,就不能享受税前加计扣除的税收优惠政策。

比如,E公司2021年安置了5名残疾人,当年共用现金支付30万元的工资。E公司2021年汇算清缴时,这5名残疾人30万元的工资可以税前扣除,但是E公司不能享受100%加计税前扣除的优惠政策。

采用现金支付除了不能税前扣除的风险外,还会增加企业管理现金的成本,此外,如果直接将货款用现金支付给对方企业的业务员,还有丢失、错付的风险,但如果使用转账支付则方便很多。

现在很多企业都采用非现金方式支付工资,如果你的企业还采用现金支付，难免会被怀疑。因为采用现金支付可能会偷逃个税，尤其是大额现金发放工资，可能会带来税务稽查的风险。

使用现金收付款通常跟虚开发票有很大的渊源。如果企业受虚开发票的牵连，比如，上下游企业是虚开发票企业，这时企业如果想要跟虚开发票企业撇清关系，就需要提供交易真实性的凭证了——银行的付款证明，如果是现金支付，就很难说清了，就可能会被处罚，情节严重的还会被刑事处罚。所以，企业能用非现金支付的就不要现金支付，这也是保留支付凭证的一种方法。

6.19 滞留票的税务风险

2019 年，国家税务总局发布了《关于取消增值税扣税凭证认证确认期限等增值税征管问题的公告》（国家税务总局公告 2019 年第 45 号），公告规定，从 2020 年 3 月 1 日起，取消增值税发票认证抵扣的期限。这是不是意味着以后就没有滞留票一说了呢？

当然不是，虽然国家取消了认证抵扣期限，但是对滞留票的管理是不会取消的，不过关于滞留票的定义没有了具体日期而已。

所谓滞留票是指销售方已开出，并已抄税、报税，但是购货方却没进行认证抵扣的增值税专用发票。

企业产生滞留票的原因主要有以下几种：

（1）发票丢失未认证。有时发票在邮寄过程中，因为快递的原因造成了发票的丢失，也有可能因为企业管理不善，造成发票还没有认证就丢失了。企业发现发票丢失后，应按照相关规定去补开发票，而不是放任不管。

（2）销售方已经开具发票，因种种原因不愿提供给购货方。这可能是因为购货方未付款，销售方想用这种方式来追讨货款。

（3）受票方不入账偷逃税款。有些纳税人因为隐瞒了销售收入，所以不敢将取得的增值税专用发票进行认证抵扣。比如，一些电商，因为很多消费者是个人，大多不会索要发票，于是他们就将这部分收入隐瞒起来。因为收入太低，一些进货的发票他们就不敢认证抵扣，怕到时税负太低会被税务稽查，于是就造成了滞留票。其实这种情况很容易查到，税务局把抄报税数据与认证数据一比对就能发现，到时除了需要补缴偷逃税款外，还可能要承担刑事责任。

（4）无取得专票资格的纳税人取得了专票。有的财务人员开票时不注意，直接给没有取得专票资格的小规模纳税人或其他纳税人开具了增值税专票，这些人根本不用抵扣，当然不会去认证，于是这些发票就变成了滞留票。

（5）取得了不能抵扣进项税额的发票。如，某企业取得一张餐饮费专用发票，会计一看是不能抵扣的发票，就没认证直接当费用票做账了，于是这张发票就成了滞留票。

（6）改变货物用途，未及时做相应的处理。有的企业在认证专票前，将该批货物用于非增值税应税项目，于是就造成了进项税额不能进行抵扣，也就没有去认证，于是就成了滞留票。

企业收到增值税专用发票后需要及时认证，如果不符合抵扣范围，不抵扣就是了，如果不认证，金税系统通过自动配比会给企业带来税务风险。

如果企业存在大量滞留票，若是因为隐藏大量收入造成的，企业会因为账外经营，偷逃国家税款被查处。大数据下，还是不要抱什么侥幸心理了，赶紧将该申报的收入申报上去，将该认证的发票认证抵扣了吧。只要合法经营，充分利用好国家的税收优惠，企业的税负也不会太高的。